lonely planet

口袋指南

罗马

顶级景点 · 本地体验 · 轻松出发

Pocket

本书作者
邓肯·加伍德（Duncan Garwood）
妮可拉·威廉姆斯（Nicola Williams）

中国地图出版社

本书特色

轻松计划行程

全方位了解目的地，
助你规划精彩行程

行前参考
贴心贴士让旅途
更轻松

罗马最佳
多彩榜单助你
快速了解目的地亮点

探索罗马

分区域介绍
最佳看点和活动

顶级景点
不可错过的精彩

当地生活
体验原汁原味的
目的地

生存指南

实用建议
令你上路无忧

当地交通
像本地人一样四通八达

实用信息
包括住宿在内的
详尽贴士

特别呈现

作者的优选内容
让旅行体验更深入

最佳步行游览
用双脚丈量罗马的
经典线路

了解当地
丰富生动的
文化背景知识

通过下列符号找到该区域的最佳选择：

- 景点和活动
- 就餐
- 饮品
- 娱乐
- 购物

下列符号所代表的都是重要信息：

电话号码	适合家庭
营业时间	允许携带宠物
停车场	巴士
禁止吸烟	轮渡
上网	地铁
无线网络	地铁
素食菜品	有轨电车
英语菜单	火车

地图标识助你快速找到需要的信息：

Lonely Planet《罗马》

Lonely Planet口袋指南专为希望轻松深入目的地的你而精心打造。

在书中，你会找到罗马所有的必游景点，独家的建议也会让你的旅程更加难忘。我们将罗马划分成几个合理的区域，并通过清晰的地图让你便捷、迅速地找到所有地点。我们的资深作者通过实地调研，为你呈现出当地精华所在，例如步行游览、美食、夜生活和购物。若你还想探索更多，我们的“当地生活”章节将为你推荐不为人知的精彩路线，深入体验原汁原味的罗马。

另外，书中各类实用信息也能令你的旅程更加轻松顺利。短途的游览路线、当地交通，甚至在漫长而疲惫的一日游览之后，你需要给你的服务生多少小费，在这本小书中均有提及。

Lonely Planet《罗马》将是你在旅途中获得美妙体验的保证。

我们的承诺

我们的工作就是让你拥有高品质的旅程。在写作每一版指南之前，Lonely Planet的作者都会实地考察、亲身体验。请放心，我们一贯实事求是，从不接受他人馈赠而为之宣传。

轻松计划行程 7

探索罗马 39

生存指南 173

特别呈现

值得一游

最佳步行游览

轻松计划行程

欢迎来罗马

意大利的首都是世界上最浪漫、最迷人的城市之一。令人敬畏的古迹，世界顶级的艺术，充满活力的街头生活，都汇聚在这座热血之城。来罗马旅行，既可以饱览艺术文化，也可以沉醉于意大利人特有的"dolce vita"（即"甜蜜的生活"），城中那些著名的古代遗迹也会帮你回忆罗马作为"世界之都"的黄金时代。去一次，你会终生着迷。

纳沃纳广场上的四河喷泉（见62页）

顶级景点

古罗马斗兽场

（见42页）

罗马这座古老的圆形竞技场可谓“震天撼地”。

波格赛别墅

（见164页）

内有非凡的雕塑以及文艺复兴时代杰作。

万神殿（见56页）

古代建筑之典范。

梵蒂冈博物馆（见150页）

西斯廷教堂，以及令人惊叹不已的艺术品。

圣彼得大教堂（见154页）

雄伟的教堂是梵蒂冈的标志。

亚壁古道（见110页）

世界上最古老的公路之一。

古罗马广场（见44页）

古罗马的“神经枢纽”。

特雷维喷泉（许愿池，见86页）

罗马最著名的喷泉。

拉特朗圣若望教堂（见116页）

罗马四大圣殿之一。

VVOE/SHUTTERSTOCK ©

西班牙大台阶和西班牙广场（见74页）

罗马著名的室外台阶，“打望”胜地。

罗马最佳
历史景点

几千年来罗马一直是世界的中心。先是作为世界之都(caput mundi),幅员辽阔的罗马帝国的灿烂之都,后来又成为教皇势力的大本营。这座城市曾经非常重要,这一点在历史悠久的街道上尤其明显,每一座宫殿、教堂和古代遗迹都有自己的故事。

古代荣光

罗马很多摄人心魂的地标都要追溯到它的黄金时代,那时这里是强大的罗马帝国首都。古罗马斗兽场、万神殿、古罗马广场——这些史诗般的废墟讲述着课本里都书写不出的昔日荣光,唤起熙熙攘攘的人群、角斗士的战斗、异教仪式和日常生活的图像。

教会的统治

在罗马大部分历史中,教会都掌管着大权,因而这里许多地标建筑都有宗教背景。早期的大教堂见证了教会创始人坚忍不拔的精神,而城内教堂里随处可见的艺术杰作则彰显了文艺复兴时期和巴洛克时期教皇的财富和雄心。

多层历史

罗马的一个特征就是,它的历史伴随着建筑,从下往上不断攀升。几个世纪以来,这个城市经历了几次变革,每一次变革都会为这里增加一层新的城市建筑。因此,中世纪的教堂和异教的寺庙彼此相邻,巴洛克式的广场坐落在罗马竞技场的顶上。在罗马,若想来一场时光倒流之旅,你只需要"从地上走向地下"。

AROGANT/SHUTTERSTOCK ©

最佳古罗马遗址

古罗马斗兽场 罗马的标志性竞技场体现了这座古城所有的戏剧性。(见42页)

万神殿 这座令人惊叹的建筑几千年来一直都是建筑界的蓝图。(见56页)

古罗马广场 这个引人入胜的遗迹曾是古罗马繁华的市中心。(见44页)

帕拉蒂诺山 古罗马皇帝相继在帕拉蒂诺山的奢华中离世,这里是古罗马最古老也最独特的街区。(见49页)

卡拉卡拉浴场 这座高耸的古代休闲中心的遗迹,是罗马最令人印象深刻的景点之一。(见129页)

最佳地下历史

圣克莱门特教堂 这个中世纪教堂坐落在一座异教神庙和一栋1世纪的房屋旁边。(见119页)

地下墓穴 亚壁古道之下到处都藏着地下墓穴，早期的天主教徒就是在这里埋葬亡者的。(见113页)

古罗马民居遗址 去地下探索传说中使徒约翰和使徒保罗曾经居住过的屋子吧。(见120页)

最佳历史教堂

圣彼得大教堂 梵蒂冈的这座标志性教堂坐落在圣彼得的墓边。(见154页)

拉特朗圣若望教堂 14世纪前主要的教皇教堂。(见116页)

城外圣保罗教堂 坐落在圣保罗墓地之上的巨大教堂。(见125页)

耶稣会教堂 这是一座重要的耶稣会教堂，耶稣会创始人依纳爵·罗耀拉(Ignatius Loyola)在此生活了12年。(见62页)

最佳传说

帕拉蒂诺山 这里就是罗慕路斯与雷穆斯被狼所救的地方，公元前753年，兄弟两人在此地建立了罗马。(见49页)

真理之口 说谎可是会被"真理之口"咬掉手的哦。(见51页)

被缚的圣彼得教堂 在这里供奉着曾经束缚住圣彼得的神圣锁链。(见104页)

特雷维喷泉(许愿池) 抛一枚硬币到水池中，你就能再次回到罗马。(见86页)

Teatro Argentina 罗马的顶级剧院，可以在剧院俯瞰恺撒大帝被暗杀的地方。(见69页)

波波洛圣玛丽亚教堂 据说尼禄的阴魂曾在此处作祟，为了驱邪，人们建造了这座教堂。(见77页)

值得一游

奥斯提亚古城遗址(Scavi Archeologici di Ostia Antica; ☎06 5635 0215; www.ostiaantica.beniculturali.it; Viale dei Romagnoli 717; 成人/优惠 €8/4，每月第一个周日免费，展览 €3; ⏲夏季 周二至周日 8:30~18:15，冬季开放时间缩短)保存完好，这里就相当于罗马的庞贝古城，能让你一窥这个古罗马时期的繁华海港。亮点包括Terme di Nettuno和一个令人印象深刻的环形剧场。若想来此，需要在Piramide地铁站旁边的Stazione Porta San Paolo乘坐市郊火车在Ostia Antica下车。

罗马最佳 饮食

食物可以说是罗马人生活激情的核心。每个人对美食都有自己的看法，而这座城市里又挤满了小餐馆、比萨店、高级餐厅和美味的冰激凌店。传统的罗马烹饪占主流地位，不过创新烹饪（cucina creativa）在近些年也有所发展，很多令人兴奋的现代餐厅都值得一试。

传统小餐馆

罗马饮食的基石，永远都是家族式的小餐馆，它们遍布在这个城市的街道和广场上。这些简单的小餐馆通常都有摇摇晃晃的木桌，灶台旁还坐着一个老奶奶，几百年来一直致力于填饱旅行者的肚皮。就算放到今天，这里也是品尝诸如bucatini all'amatriciana（意大利粗面配番茄酱和风干猪头肉）和意大利面配alla gricia（意大利培根和羊奶奶酪）等丰盛正宗的罗马菜最好的去处。

现代高级餐厅

最近几十年来，罗马的餐饮业越来越成熟，有新浪潮小餐馆和别致的创意餐厅，为大家提供前卫、创意的美食。其中的佼佼者包括Romeo e Giulietta餐厅的Cristina Bowerman和Aroma餐厅的Giuseppe Di Iorio，他们为意大利美食增添了一丝现代创新气息。

街头小吃

街头小吃席卷了罗马最新的饮食潮流。除了切片比萨（pizza al taglio）摊和冰激凌店，城里各处都能找到许多时髦的摊点，为大家提供现代风格的经典小吃，比如supplì（内有各种馅料的油炸米丸子）和fritti（油炸食品）。

SUSAN WRIGHT/LONELY PLANET ©

☑ 独家贴士

- 在小餐馆或者餐厅，店家会给你提供面包，无论吃不吃都收费。这是行规，不是针对游客的敲竹杠。
- 如果想喝水，请点acqua naturale（普通水）或者acqua frizzante（气泡水）。
- 在比萨店或者小餐馆的话，结账时把账单的金额按整数结账，就不用给小费了。如果是去高档一点的餐厅最多给10%小费。

最佳高档餐厅

Antonello Colonna Open

在这个玻璃屋顶的餐厅可以品尝现代做法的经典罗

意大利菜

马菜。（见105页）

Aroma 这里环境优美，主厨Giuseppe Di Iorio为大家提供创新地中海佳肴。（见121页）

Imàgo 此处位于五星级酒店Hassler Hotel的楼顶，不仅有顶级美食，还可以欣赏到顶级景色。（见79页）

最佳传统罗马菜

Flavio al Velavevodetto 经典罗马菜，菜量巨大。（见131页）

Da Felice 罗马美食的中坚力量，至今坚持传统的饮食日历。（见131页）

Armando al Pantheon 靠近万神殿，这是一个家庭经营的小餐馆，供应丰盛的罗马菜。（见66页）

Da Enzo 位于人头涌动的特拉斯特沃区，以其优质食材而闻名。（见143页）

Da Augusto 位于特拉斯特沃区最可爱的露天广场之一，可以享受到梦幻般的夏日美食和超凡的家常料理。（见139页）

最佳快餐

Trapizzino 是trapizzino（一种锥形卷饼，内夹番茄酱肉丸）的发源地。（见131页）

Mercato Centrale 位于罗马市中心火车站的热门快餐店。（见106页）

Fa-Bìo 位于梵蒂冈附近，热门的有机食品外卖店。（见161页）

Mordi e Vai 这个远近闻名的泰斯塔乔区快餐摊位供应经典罗马街边美食。（见131页）

Pasta Chef 位于蒙蒂区的时髦“高级街边小吃”，供应快餐意大利面。（见106页）

最佳意式冰激凌

Fatamorgana Corso 这家手工调味冰激凌是罗马最棒的。目前开了几家分店。（见80页）

Gelateria del Teatro 供应40多种冰激凌，全部现场制作。（见66页）

Fior di Luna 位于特拉斯特沃区的很棒的手工冰激凌店。（见143页）

罗马最佳 免费体验

罗马是一个高消费城市，但你无须高额消费也能享受这座城市的美。很多重要景点都是免费的，在历史悠久的街道、露天广场和公园闲逛，沉浸在它们非凡的美丽之中也是无须付费的。

最佳免费艺术场所

圣彼得大教堂 米开朗琪罗的《圣殇》只是展出的杰作之一。（见154页）

被缚的圣彼得教堂 米开朗琪罗的《摩西》会让你大饱眼福。（见104页）

法国圣路易教堂 卡拉瓦乔的“圣马太三部曲”是这里最大的看点。（见63页）

胜利圣母教堂 这里有令人惊叹的贝尔尼尼作品《圣特蕾莎的沉迷》，一件影响后世的巴洛克风格作品。（见91页）

梵蒂冈博物馆 每月最后一个周日免费。（见150页）

最佳露天广场和公园

纳沃纳广场 多姿多彩的街头艺术家为这座迷人的巴洛克式广场营造出了狂欢的氛围。（见62页）

鲜花广场 陶醉在鲜花广场的日常喧嚣之中。（见69页）

西班牙广场 在这个标志性的广场上，当地人与旅行者们一起赏景、交流。（见74页）

波格赛别墅 相当于罗马的中央公园，这里是休闲漫步与野餐的好去处。（见164页）

贾尼科罗 在这座葱郁的山上可以欣赏到壮丽的景色。（见134页）

最佳免费地标

万神殿 进入这座非凡的教堂一分钱都不用花。（见56页）

特雷维喷泉（许愿池） 免费，除非你为了确保你能回到罗马，往里面扔硬币。（见86页）

真理之口 检验传说的时候到了，把手伸进去然后说个谎。（见51页；上图）

西班牙大台阶 在罗马最著名的楼梯上走一走，坐一坐。（见74页）

EMPERORCOSAR/SHUTTERSTOCK ©

☑ 独家贴士

- 所有的国营博物馆和景点在当月第一个周日都免费。
- 在街边随处可见的饮水泉处接水，能为你省下几欧元。它们被称作大鼻子（nasoni）。

罗马最佳 酒吧和夜生活

通常在罗马享受夜生活的最佳方式是从餐厅漫步到酒吧，在迷人的鹅卵石街道上愉快地散步。没有哪座城市能比罗马更适合做小酌时的布景了：你可以俯视着罗马广场来一杯金巴利，或者在欣赏巴洛克式喷泉上闪动的灯光时来一口自酿啤酒。

最佳区域

历史中心区 有酒吧和几家夜店，游客气息浓厚，但也不失精致。（见54页）

特拉斯特沃 人人都喜欢在这里进行passeggiata（晚间漫步），有很多酒吧和咖啡馆。（见134页）

泰斯塔乔 有很多主流夜店，这一带有不少夜生活的热门选项。（见126页）

奥斯蒂恩瑟 位于一个前工业场地中，是罗马潮酷夜店的发源地。（见124页）

圣洛伦佐和皮内托 这里很受学生们的喜爱，有不少酒吧和另类夜店。（见96页）

最佳葡萄酒吧

Il Sorì 美食酒吧，同时也是个可以品酒和“同葡萄酒商共进晚餐”的自酿酒吧（bottegha）。（见97页）

Bibenda Wine Concept 有不少意大利地区品牌的现代葡萄酒吧。（见122页）

Ai Tre Scalini 一个如夜店般喧闹的酒吧。（见105页）

最佳开胃酒

Freni e Frizioni 一家酷酷的酒吧，每晚提供丰盛的夜间自助餐。（见139页）

Doppiozeroo 位于奥斯蒂恩瑟区的闹市，自助餐菜品出奇多。（见125页）

Pimm’s Good 位于特拉斯特沃区，这里有Pimms鸡尾酒，慷慨的免费小吃，还有热爱派对的酒吧工作人员。（见145页）

Zuma Bar 如果渴望在一家设计感强烈的屋顶酒吧来一杯豪华鸡尾酒，就来这里吧。（见81页）

☑ 独家贴士

▶罗马人喜欢盛装出门，特别是去历史中心区和泰斯塔乔区时髦的夜店和酒吧时。不过，在皮内托区和圣洛伦佐区，人们的打扮就另类多了。

最佳夜店

Circolo Illuminati 这家位于奥斯蒂恩瑟区的夜店十分受欢迎，有国际化DJ阵容，地下感十足，还有个能仰望星空的庭院。（见125页）

Vinile 位于奥斯蒂恩瑟区南端，提供美食、音乐、舞蹈和派对。（见125页）

罗马最佳建筑

罗马的建筑遗产无与伦比，古代遗迹、文艺复兴时期的大教堂、巴洛克风格的教堂和巨大的宫殿比比皆是。米开朗琪罗、布拉曼特等建筑大师都在卓越城市景观上烙上了他们才华的印记，而近来，也有一些世界顶尖的当代建筑师在这儿完成了他们的作品。

4KCLIPS/SHUTTERSTOCK ©

古代工程学

建城伊始，古罗马的建筑师和工程师被要求在寺庙、陵墓和皇宫旁边设计房屋、道路、高架渠和购物中心。为此，他们升级了伊特鲁里亚人和希腊人创造的建筑方法和建筑技术，才创造出这般史无前例的城市规模。

文艺复兴和巴洛克式改造

罗马许多伟大的宫殿和大教堂可以追溯到16世纪的文艺复兴时期，其中包括圣彼得大教堂，它由布拉曼特、米开朗琪罗等建筑师进行了彻底改造。一个世纪后，由于反宗教改革，由教会资助的巴洛克风格建筑家吉安·洛伦佐·贝尔尼尼（Gian Lorenzo Bernini）和弗朗切斯科·博罗米尼（Francesco Borromini）所领导的翻修非常顺利。

现代建筑

在20世纪初，意大利的法西斯独裁者贝尼托·墨索里尼（Benito Mussolini）监督了一系列宏伟的建筑项目，包括Via dei Fori Imperiali和EUR区。最近，这些项目已在一些国际顶级"明星建筑师"的指导下陆续竣工，他们包括伦佐·皮亚诺（Renzo Piano）、马西米利亚诺·福克萨斯（Massimiliano Fuksas）、理查德·迈耶（Richard Meier）和扎哈·哈迪德（Zaha Hadid）。

最佳古代建筑

古罗马斗兽场 现代体育馆的蓝图，向我们完美诠释了拱门的应用。（见42页）

万神殿 古罗马最伟大的建筑成就，无论在设计上还是施工上都颇具颠覆性。（见56页）

卡拉卡拉浴场 从这些阴暗的废墟中可以一窥古代建筑技术的复杂性。（见129页）

图拉真市场及帝国广场博物馆 高耸的公元2世纪土木工程的典范。（见50页）

最佳早期大教堂

拉特朗圣若望教堂 其原创的设计风格成为之后一些大教堂的模仿对象。

圣彼得大教堂（见154页），梵蒂冈城

（见116页）

圣玛丽亚大教堂 罗马的四大教堂中唯一保留其原始设计的。（见103页）

圣萨比娜教堂 朴实无华的中世纪教堂。（见130页）

特拉斯特沃圣玛丽亚教堂 此处是特拉斯特沃区的一大看点，古罗马圆柱和闪闪发光的马赛克艺术不容错过。（见136页）

最佳文艺复兴建筑

圣彼得大教堂 设计、风格与规划的完美结合，气派的穹顶由米开朗琪罗设计。（见154页）

法尔内塞宫 法国大使馆所在地，也是文艺复兴宫殿的绝好范例。（见64页）

卡比托利欧广场 米开朗琪罗的山顶广场是文艺复兴时期城市规划的出色范例。（见50页）

最佳巴洛克艺术

圣彼得广场 贝尔尼尼设计了引导信徒们进入圣彼得大教堂的梵蒂冈主广场。（见160页）

纳沃纳广场 这座广场拥有博罗米尼设计的大教堂和贝尔尼尼设计的喷泉，是巴洛克之美的典范。（见171页）

最佳现代地标

音乐公园礼堂 伦佐·皮亚诺设计的这个时尚前卫的音乐礼堂拥有一种独特的建筑设计理念。（见166页）

和平祭坛博物馆 理查德·迈耶的设计颇具争议，这个白色阁楼内包含一个公元前1世纪的重要祭坛（见78页，见18页图片）

国立二十一世纪艺术博物馆 这个罗马顶级的当代艺术博物馆由扎哈·哈迪德将一个军营改造而成。（见166页）

罗马最佳 艺术品与博物馆

作为西方世界最伟大的艺术发源地之一，罗马带给人们的是一场视觉盛宴。这里的教堂所拥有的艺术佳作比有些小国家所拥有的总和还要多，博物馆和画廊里随处可见大名鼎鼎的艺术作品。从古典雕像和令人惊叹的文艺复兴时期壁画，到精致华丽的巴洛克式雕塑和未来派绘画，展出作品囊括了近3000年的艺术精华。

VALERIOMEI/SHUTTERSTOCK ©

古典艺术

毫不奇怪，罗马拥有无与伦比的古代艺术藏品——主要包括雕塑、纪念浮雕和马赛克艺术。大部分最精美的古典雕塑都收藏于梵蒂冈博物馆和卡比托利欧博物馆，罗马国家博物馆的阿尔腾普斯宫和马西莫浴场宫也不乏顶尖的作品。

文艺复兴

文艺复兴在罗马掀起了一股强劲的艺术潮流，有权势的教会开始资助米开朗琪罗和拉斐尔等艺术家，让他们装饰城里的大教堂和宫殿。壁画是其中非常重要的探索形式，很多著名的壁画都可以追溯到这个时期，包括米开朗琪罗在西斯廷教堂的设计（位于梵蒂冈博物馆）。

巴洛克

17世纪初，巴洛克风格在罗马的艺术舞台上大放异彩，并被教会主动采纳为反对改革异端邪说的宣传工具。该时期的两位著名艺术家——吉安·洛伦佐·贝尔尼尼和争议画家卡拉瓦乔——的作品点缀了整个城市的教堂和博物馆。

☑ 独家贴士

- 大多数博物馆周一闭馆。
- 18岁以下欧盟公民可以免费入场。身份证可用作年龄凭证。
- 很多博物馆在闭馆前75分钟停止售票。

现代艺术

20世纪出现了未来主义（一种民族主义的现代主义运动）和形而上画派（意大利风格的超现实主义），这种流派在乔治·德·基里科（Giorgio de Chirico）的作品中体现得淋漓尽致。

最佳博物馆和画廊

梵蒂冈博物馆 西斯廷教堂和拉斐尔画室是这个壮观的博物馆建筑群的最大看点。（见150页）

波格赛美术馆 这里有全罗马最棒的巴洛克雕像和一些顶级的早期绘画大师的作品。（见165页）

卡比托利欧博物馆 古典雕塑作品是这个世界最古老的公共博物馆的主要展品。（见49页）

罗马国家博物馆马西莫浴场宫 这是一颗被忽视的宝石，拥有精美绝伦的罗马雕塑和马赛克艺术。（见100页）

罗马国家博物馆阿尔腾普斯宫 可以欣赏到以华丽的巴洛克壁画为背景的古典雕像。（见63页）

多利亚潘菲利宫画廊 一个挂满大牌艺术家重要作品的豪华画廊。（见62页）

最佳艺术杰作

西斯廷教堂 这里收藏着米开朗琪罗的不朽杰作《最后的审判》（*Giudizio universale*）和穹顶壁画。（见153页）

《圣殇》（*Pietà*）不仅是雕塑天才的伟大作品，也是圣彼得大教堂的一大亮点。（见157页）

《雅典学院》（*La Scuola di Atene*）位于梵蒂冈博物馆的拉斐尔画室，这是拉斐尔最杰出的壁画作品。（见153页）

《圣特蕾莎的沉迷》（*Santa Teresa trafitta dall'amore di Dio*）这个贝尔尼尼的雕像位于胜利圣母教堂，是欧洲巴洛克艺术代表作之一。（见91页；见20页图片）

《被掳掠的珀耳塞福涅》（*Ratto di Proserpina*）贝尔尼尼的又一个雕像作品，描绘了冥王正在绑架珀耳塞福涅，收藏于波格赛美术馆。（见165页）

《男孩和果篮》（*Ragazzo col canestro di frutta*）来波格赛美术馆欣赏卡拉瓦乔精湛的画工和无畏的勇气。（见165页）

《神意的胜利》（*Trionfo della divina provvidenza*）去巴贝里尼宫一睹佩德罗·达·科尔托纳（Pietro da Cortona）精美绝伦的壁画。（见90页）

最佳小众遗珠

朱利亚宫埃特鲁斯坎博物馆 意大利首屈一指的有关伊特鲁里亚文化的博物馆。（见165页）

圣天使城堡（哈德良皇帝陵）在这座气氛忧郁的地标性城堡中欣赏豪华的文艺复兴时期的内饰。（见160页）

图拉真市场及帝国广场博物馆 博物馆就建在高大的2世纪图拉真时代的购物中心里。（见50页）

蒙特马尔蒂尼中心博物馆 曾是一个发电站，在这里古代雕像与工业机器并列摆放。（见125页）

最佳现代艺术

国家现代美术馆 研习一下现代欧洲艺术大师的作品。（见166页）

国立二十一世纪艺术博物馆 罗马首屈一指的当代艺术博物馆。（见166页）

卡洛·比洛蒂博物馆 拥有很多乔治·德·基里科的形而上画派作品。（见166页）

罗马最佳 购物场所

罗马吸引了众多高品质的百货公司、专卖店、独立精品店和手工作坊——保证让最讲究享乐的购物者都无可挑剔。"复古"是罗马购物环境的一个特质，由第三代手工艺者经营的宝石般的精品店、满是灰尘的画框和编织篮的作坊、历史悠久的百货公司等，都散发着不可思议的时尚又老派的魅力。漫步后街小巷，好好享受吧。

买什么

罗马是购买名牌服装、鞋靴和皮具的最佳地点。美食选择也数不胜数，你会发现熟食店、面包店、糕点店（pasticcerie）和巧克力店无处不在。家居用品是意大利另一特色，许多商店专注于令人一见倾心的厨具和时髦豪华的室内装修。

购物区

如果想买名牌服饰，就去孔多蒂街（Via dei Condotti；见82页）和西班牙广场周边区域。你能在历史中心区的乔凡诺维奇奥大街（Via del Governo Vecchio；见59页）和蒙蒂区（见98页）找到不少中古店和精品店。想买吃的不妨去泰斯塔乔区（见126页），那里有罗马最棒的熟食店和奶制品市场。

手工艺人

罗马拥有数量惊人的设计师和工匠，他们在小型的老式作坊中创作并出售自己的作品。有些地方可以根据你的具体要求定制包、钱包、腰带、领带或连衣裙。你会在历史中心区、特里同和蒙蒂区找到不少这种店。

☑ 独家贴士

- 很多市中心的商店会在周一早上关店。
- 冬季大减价从1月初开始，2月中旬结束。夏季大减价从7月开始，9月初结束。

最佳时尚

Re(f)use 环保主义时尚：这里卖的包包与珠宝都是由回收品制成，设计师是罗马本地人Ilaria Venturini Fendi。（见82页）

Tina Sondergaard 位于蒙蒂区的精品店，小而优雅，出售的复古裙子可量身修改，保准合身。（见109页）

孔多蒂街上的精品店（见82页）

Gente 一家大型的经营多种品牌的精品店；罗马时尚达人的必经之站。（见83页）

Manila Grace 罗马本土品牌，特别适合狂热的时尚达人。（见83页）

最佳美食

Volpetti 这里不仅有可口的佳肴，还有热情的服务。（见133页）

Antica Caciara Trasteverina 位于特拉斯特沃区的有着百年历史的熟食店，主要售卖美味的芝士和萨拉米香肠（可以真空包装以便寄运回家）、干货食品等。（见147页）

Salumeria Roscioli 店名就是美食的代名词，供应让人垂涎三尺的意大利与外国美食。（见70页）

Biscottificio Innocenti 位于特拉斯特沃区小巷的饼干店，迷人且复古。（见146页）

Confetteria Moriondo & Gariglio 一家宛如存在于魔法世界里的巧克力店。（见69页）

最佳书店

Almost Corner Bookshop 书目繁多的英文书店。（见147页）

Feltrinelli International 书类少而精，能买到最新出版的英语、西班牙语、法语、德语和葡萄牙语书刊。（见109页）

最佳市场

Porta Portese Market 台伯河畔历史悠久的跳蚤市场，每周日早上开放。（见147页）

新泰斯塔乔市场 在泰斯塔乔的街区市场享受色彩与个性的碰撞。（见131页）

鲜花广场 位于一个古老的中央广场，是罗马最著名的市场之一。（见69页）

罗马最佳
文化活动

罗马人民一直以来就热衷于各种文化活动。从蜂拥至斗兽场观看角斗比赛起，他们就开始欣赏精彩的表演了，而文化活动又会吸引很多知识渊博且热情的观众。罗马拥有从歌剧到嘻哈、莎士比亚戏剧到先锋装置艺术在内的的各种活动，你总会找到适合你的那一款。

歌剧和古典音乐

罗马多姿多彩的美景让这里成为举办音乐会的绝佳场所。会定期在教堂举行古典音乐表演（通常是免费的），特别是在复活节、圣诞节和新年期间。而在夏季，全城各处都会搭起户外舞台。诸如音乐公园礼堂等顶级场地，经常会举办享誉意大利和全球的管弦乐团和名家的演出。

电影、电视剧和展览

罗马人都是电影迷，尽管大多数电影都是配音的，你依然可以找到不少原声电影（标注为VO，versione originale）。同样，剧院里上演的一般是意大利语舞台表演，不过你也可以去碰碰运气。如果你的意大利语很好，就可以尽情欣赏这里的各种艺术展览了。

社区中心和非主流文化

罗马的另类艺术主要集中在城里的各个社区中心（centri sociali）。这些另类文化的集中地，曾经以小团体的方式引领了意大利20世纪80年代的嘻哈和说唱潮流，至今仍在不断举办各种另类娱乐活动，比如诗歌朗诵、独立时装秀或者电子乐演出。

MAXIM APRYATIN/SHUTTERSTOCK ©/ARCHITECT: ZAHA HADID

☑ 独家贴士

- 在城市里随处都可以买到音乐会、现场音乐和舞台剧的票。
- 酒店通常可以为客人预订票，你也可以直接联系场馆——查询宣传册上的订票信息。或者尝试通过**Vivaticket**（☎892 234；www.vivaticket.it）或**Orbis**（☎06 482 74 03；Piazza dell' Esquilino 37；⏲周一至周六 9:30~13:00和16:00~19:00；🚇Via Cavour）买票。

音乐公园礼堂（见166页），由建筑师伦佐·皮亚诺设计

最佳古典音乐厅

音乐公园礼堂 音响效果极佳，有顶尖的国际古典音乐家，以及多个音乐厅。（见166页）

罗马歌剧院（Teatro dell' Opera di Roma）在这个宏伟的由红丝绒和镶金装饰的剧院内，可以欣赏到罗马的歌剧和舞蹈表演。（见132页）

卡拉卡拉浴场 在夏日可以欣赏到歌剧和芭蕾舞剧的露天剧场。（见129页）

最佳爵士

Alexanderplatz 罗马最早的爵士酒吧，国际和本土的音乐家都在此演出。（见163页）

音乐公园礼堂 除了其他演出，也会举办罗马爵士音乐节（Roma Jazz Festival）。（见166页）

Charity Café 私密的空间里摆放着长腿桌椅，定期举办现场演出。（见109页）

Big Mama 位于特拉斯特沃区的一处很有气氛的场所，可以来听爵士、蓝调、放克、灵魂乐和R&B。（见139页）

Gregory's Jazz Club 位于西班牙大台阶旁，在本地音乐人中很受欢迎。（见94页）

最佳现场音乐

Blackmarket 这家酒吧有复古的沙发和椅子，来这里主要听不插电现场音乐。（见108页）

ConteStaccio 位于泰斯塔乔区夜店一条街，可以欣赏免费的现场音乐。（见133页）

Lettere Caffè 不仅有现场音乐，还有诗朗诵、喜剧表演和现场DJ。（见146页）

最佳剧场

Teatro Argentina 这个高级罗马剧场上演各类戏剧、表演和音乐会。（见69页）

Teatro India 另一个官方认定的高级罗马剧场。（见69页）

罗马最佳 儿童旅行体验

尽管罗马是一个文化名城，但同样也很适合带孩子前来游玩。虽然只针对儿童的景点可能不是很多，不过如果你找对了地方，还是可以既让孩子们有事可忙，也让家长们高高兴兴。

最佳博物馆

探索–儿童博物馆(Explora–Museo dei Bambini di Roma; ☎06 361 37 76; www.mdbr.it; Via Flaminia 80-86; 成人/优惠 €8/5; ⏲周二至周日 10:00、12:00、15:00和17:00入场; Ⓜ Flaminio）这个针对12岁以下儿童的博物馆位于人民广场旁边，有互动展览和免费的游乐场。

蜡像博物馆(Museo delle Cere; ☎06 679 64 82; www.museodellecereroma.com; Piazza dei Santissimi Apostoli 67; 成人/优惠 €9/4.50; ⏲夏季 9:00~21:00，冬季 至20:00; 🚌Via IV Novembre）来这儿与教皇、摇滚明星、足球运动员等名人近距离"接触"吧。

城墙博物馆(Museo delle Mura; ☎06 7047 5284; www.museodellemuraroma.it; Via di Porta San Sebastiano 18; 门票免费; ⏲周二至周日 9:00~14:00; 🚌Porta San Sebastiano）这家小博物馆位于罗马一座古城门内，沿着奥勒良城墙（Aurelian Wall）下的长廊步行可至。

最佳购物场所

Bartolucci（见70页地图，D3; www.bartolucci.com; Via dei Pastini 98; ⏲10:00~22:30; 🚌Via del Corso）这家玩具店里神奇的木刻玩具连大人也爱不释手，带孩子来这准没错。

TRAVNIKOVSTUDIO/SHUTTERSTOCK ©

☑ 独家贴士

- 在鹅卵石街道上使用婴儿车或推车会很不方便。
- 在餐厅里点餐可以要求儿童分量（mezza porzione）和儿童座椅（seggiolone）。
- 可以在药店买到配方奶粉和消毒药水。一次性尿布（pannolini）可以在超市和药房买到。
- 10岁以下儿童乘坐市内任何公共交通工具都免费。

罗马最佳
团队游

跟团游适合在短时间内参观很多景点，或者深入了解某一个景点。旺季要提前预订。

最佳步行游览

Roman Guy（https://theromanguy.com）由讲英文的旅游达人带队，可以选的套餐有不用排队的梵蒂冈博物馆游（89美元）、特拉斯特沃区与犹太区美食游（84美元）以及历史中心区鸡尾酒吧的泡吧游（225美元）。

A Friend in Rome（☎340 501 92 01；www.afriendinrome.it）Silvia Prosperi和她的团队提供各种私人游，范围包括梵蒂冈和主历史中心，也涉足城区以外的范围。

最佳巴士游

Open Bus Cristiana（☎06 69 89 61；www.operaromanapellegrinaggi.org；单人游 €12，24/48小时 票价€25/28）这些随上随下的巴士会途经主要景点，对带孩子的家庭和脚力不好的人来说非常方便。

最佳单车或摩托车游

Bici e Baci（☎06 481 40 64；www.bicibaci.com；Via Rosmini 26；单车游 €30起，Vespa游 €145起；⏲周一至周六 8:00~19:00；Ⓜ Termini）提供各大历史景点导览游，以自行车、Vespa、菲亚特500，甚至个性十足的三轮车Ape Calessino作为交通工具。

Vespa Style Roma（☎06 446 62 68；www.vespastyleroma.it；Via Milazzo 3a；Vespa出租 每小时/天 €15/69，电动车每天 €25；⏲9:00~19:00；Ⓜ Termini）位于Termini地铁站的对面，出租电动车，还组织Vespa 或电动车导览游（€70/40起）。

PAOLIKPHOTOS/SHUTTERSTOCK ©

☑ 独家贴士

▸参加联票景点跟团游的一大好处就是不用排队买票，进入景点也不用排队，或许还能进入某个建筑里一般不开放的区域。

罗马最佳 LGBTIQ场所

这个城市的同志环境生机勃勃又稍显低调。只对同性恋开放的场所较少，值得一提的有Via di San Giovanni，位于Laterano的斗兽场那端，是最受同性恋群体欢迎的休闲区，许多夜店定期举办同性恋之夜。另外，Settimo Cielo是颇受欢迎的男同性恋海滩，位于罗马城外的Capocotta，可从Ostia Lido乘坐61路公交车抵达。

态度

罗马本质上是一座保守的城市，立法者长期以来服从来自梵蒂冈的道德和社会问题指导。尽管如此，近年来这个城市的同性恋团体取得了长足的进步，但罗马在同性恋方面自由开放的程度远不像旧金山那般，因此慎重是更明智的做法，不过大家普遍比较宽容。

活动

Gay Village（www.gayvillage.it；Parco del Ninfeo, EUR；⏲6月至9月；Ⓜ EUR Magliana）罗马的LGBT年度大事件，在EUR区举行，吸引了众多的社交红人，以及豪华阵容的DJ、音乐家和艺人。届时，这里会播放舞曲，放映电影，举行文化辩论和舞台演出。

场所

Coming Out（见123页地图，B1；☎06 700 98 71；www.comingout.it；Via di San Giovanni in Laterano 8；⏲7:30至次日2:00；

LUCKY TEAM STUDIO/SHUTTERSTOCK ©

☑ 独家贴士

▶ **Arcigay Roma**（☎06 6450 1102；www.arcigayroma.it；Via Nicola Zabaglia 14）是意大利全国LGBTIQ组织的罗马分社。

▶ **Circolo Mario Mieli di Cultura Omosessuale**（☎06 541 39 85；www.mariomieli.org；Via Efeso 2a；⏲周一至周五 9:00~18:00；Ⓜ Basilica San Paolo）组织辩论会、文化活动和社会活动。

罗马同性恋骄傲大游行

🚌Via Labicana）在温暖的夜晚，如果你想要在熙熙攘攘的古罗马斗兽场附近来一杯，没有哪里能比这家友好的同性恋酒吧更好了。

L' Alibi（☎06 574 34 48；Via di Monte Testaccio 44；⏲周五和周六 23:30至次日5:00；🚌Via Galvani）作为一家历史悠久的同性恋夜店，L' Alibi依然经营良好，这里定期举办周末派对，无论你是同性恋还是异性恋，都可以来这里享受浩室、科技舞曲、嘻哈、拉丁乐、流行、舞曲等不同曲风。

当地生活

带你体验原汁原味的罗马

罗马的外表美得夺目，但内在又是另一番魅力，同样值得一探。在我们的指点下，你不妨去寻访城中那些另类小众的地方，比如文艺范儿的酒吧、火辣的夜店或是鲜为人知的街区。

ZOIA KOSTINA/SHUTTERSTOCK ©

历史中心区一日游

（见54页）

☑漂亮的街道 ☑购物和精酿啤酒

圣洛伦佐和皮内托

（见96页）

☑古老的教堂和公墓 ☑巧克力和葡萄酒

奥斯蒂恩瑟和圣保罗（见124页）

☑街头艺术和古代雕塑 ☑时尚的夜店

夜访特拉斯特沃和贾尼科罗（见134页）

☑餐前小食 ☑现场音乐

地道罗马体验还包括：

慢跑（见51页）

犹太区（见65页）

鲜花广场（见69页）

马尔古塔街（见79页）

孔多蒂街（见82页）

点咖啡，别露怯（见92页）

甜品店Pasticerria Regoli（见108页）

新泰斯塔乔市场（见131页）

甜品店Fior di Luna（见143页）

罗马刨冰（见144页）

每日行程

第一天

早上先去雄伟的**古罗马斗兽场**（见42页），尽量早去，避免排队。然后前往**帕拉蒂诺山**（见49页），探索残破的废墟，欣赏壮阔的风景。接下来前往**古罗马广场**（见44页），在倒塌的神庙、孤立的石柱与破败的圣殿间凭吊历史。

午餐后攀登到山上的**卡比托利欧广场**（见50页）和**卡比托利欧博物馆**（见49页），欣赏非凡的古代雕塑。接下来在**维托里亚诺**（见51页）欣赏美景，然后到历史中心区探索迷宫一般的中世纪街道，并探访**万神殿**（见56页）和**纳沃纳广场**（见171页）等知名景点。

晚餐后，去看看讲究乐活的意大利人是怎么泡吧的。纳沃纳广场附近的**Etablì**（见68页）很时尚，尽是帅哥靓女；**Caffè Sant' Eustachio**（见68页）适合边喝咖啡边聊天；**Gin Corner**（见69页）可以品尝到美味鸡尾酒，去哪家随你便。

第二天

第二天直奔梵蒂冈。先去**梵蒂冈博物馆**（见150页），欣赏震撼至极的西斯廷教堂和那里五花八门的艺术杰作，而后在**圣彼得大教堂**（见154页）结束此次游览。如果还有体力，不妨登上由米开朗琪罗设计的教堂穹顶，俯瞰**圣彼得广场**（见160页）的超凡美景。

跳上地铁，回到河边的**西班牙广场**（见74页），在西班牙大台阶上坐一会儿，想一想随后的路线，接下来奔赴**特雷维喷泉**（许愿池，见86页）——相传只要向这个许愿池中抛下一枚硬币，有生之年一定会重返罗马。下一站去山上的**奎里纳尔广场**（见91页），广场背后是意大利的总统府奎里纳尔宫，那里的夕阳不可错过。

晚上，**鲜花广场**（见69页）一带很是热闹，那里的**Barnum Cafe**（见67页）最适合一边听着舒缓的音乐一边享受鸡尾酒，也可以去**Open Baladin**（见59页）品尝美味的精酿啤酒。

没时间?

我们以天为单位对罗马那些必看的景点进行了整合,确保你可以在有限的时间内一览罗马亮点。

第三天

第三天的第一个行程就是去**波格赛美术馆**(见165页),欣赏令人叹服的巴洛克雕塑——别忘了提前订票。随后到**波格赛别墅**(见165页)散散步,一路走到**国家现代美术馆**(见166页)欣赏一下现代艺术。

下午前往罗马现代主义文化中心**音乐公园礼堂**(见166页)看演出,接下来回到**人民广场**(见77页)逛逛。广场旁边的**波波洛圣玛丽亚教堂**(见77页)汇集了众多艺术杰作,值得一探。然后应该留出一些时间,到Via del Corso路两旁的高端购物街里转转,逛逛那些旗舰店和设计精品店。

晚上去河对岸的特拉斯特沃地区,那里风景如画,热闹非凡,餐馆酒吧众多,本地人和游客络绎不绝。不妨先去**La Prosciutteria**(见143页)来一杯托斯卡纳红酒,品尝一下当地小吃,渐入佳境之后,再去**Pimm' s Good**(见145页)喝个痛快。

第四天

第四天轮到去探访**亚壁古道**(见110页)。古道沿线的地下墓穴最有名,弓着身子钻进漆黑的地道,那种感觉又恐怖又奇妙。

午餐过后,前往北边的罗马中央火车站(Stazione Termini),附近的**罗马国家博物馆马西莫浴场宫**(见100页)是一流的博物馆,展出的全是古典雕塑和令人惊艳的马赛克艺术。随后去拜访恢宏的**圣玛丽亚大教堂**(见103页),看看那里著名的镶嵌画,接着赶赴**被缚的圣彼得教堂**(见104页),欣赏米开朗琪罗的杰作——孔武有力的《摩西》雕像。最后去迷人的蒙蒂区,到时尚的精品店里采购一番。

晚上就待在蒙蒂区,感受那里火爆的夜生活。可以随便找一家葡萄酒吧或是咖啡馆泡上整晚,人气居高不下的**La Bottega del Caffè**(见108页)就是不错的选择。

行前参考

详情参考
"生存指南"(见173页)

语言
意大利语

签证
中国公民前往需要申请签证。意大利在北京、上海、广州设有签证中心。

现金
通用货币为欧元(1欧元约等于7.74元人民币)。自动柜员机随处可见。主流信用卡普遍受用,但某些小型商店、意式餐厅(trattoria)和酒店有例外。

手机
中国手机必须开通国际漫游才能使用。

时间
意大利只有一个时区,比北京时间迟7小时。从3月最后一个周日开始实行夏时制,时间往前调1小时,10月最后一个周日结束,时间又会往回调1小时。意大利采用24小时制,下午6点写作"18:00"。

插头和电压
意大利的插头为两孔或三孔圆插头,电压为220伏(有上下10%的浮动)。中国旅行者需要用到转换插头和变压器。

小费
罗马人不大讲究给小费,餐厅账单一般都已经算了服务费(servizio),但打车时还是要把零头补到整数。

❶ 出发前

每日预算

经济:低于€110

- 青旅铺位:€20~35
- 经济型酒店大床房:€60~130
- 比萨加啤酒:€15

中档:€110~250

- 酒店大床房:€110~200
- 当地餐厅用餐:€25~45
- 博物馆门票:€5~16

高档:高于€250

- 四星或五星级酒店大床房:€200~450
- 高端餐厅晚餐:€45~150
- 歌剧票:€17~150
- 市中心出租车:€10~15

实用网站

在中国申请意大利签证: www.vfsglobal.cn/Italy/china/chinese/index.html

马蜂窝-意大利(www.mafengwo.cn/travel-scenic-spot/mafengwo/10051.html)有目的地介绍、旅游攻略

飞猪(www.alitrip.com/)和**携程**(www.ctrip.com/)可查询及购买机票、预订酒店

Turismo Roma(www.turismoroma.it)罗马官方旅游网站

060608(www.060608.it)有景点、交通和近期活动信息

Lonely Planet(www.lonelyplanet.com/rome)有目的地介绍、酒店预订、旅行者论坛等信息和服务

提前筹备

提前2个月 预订旺季客房。

提前1~2周 在热门餐厅订位;预订教皇接见活动票;预订法尔内塞宫门票。

提前几天 预订波格赛美术馆门票(必须);预订梵蒂冈博物馆和古罗马斗兽场门票(推荐)。

2 抵达罗马后

大多数人都是坐飞机抵达罗马，罗马共有两个机场：一个叫列奥纳多·达·芬奇（Leonardo da Vinci）机场，更为人熟知的名字为菲乌米奇诺（Fiumicino）机场；另一个叫钱皮诺（Ciampino）机场，是欧洲廉价航空瑞安航空的枢纽。

从列奥纳多·达·芬奇（菲乌米奇诺）机场出发

- 可乘坐“列奥纳多快速列车”（Leonardo Express train）前往中央火车站，首班车6:23，末班车23:23，票价€14；
- 可乘坐速度较慢的FL1号列车前往特拉斯特沃（Trastevere）、奥斯蒂恩瑟（Ostiense）或蒂伯蒂娜（Tiburtina）车站，首班车5:57，末班车22:42，票价€8；
- 可乘坐巴士前往中央火车站，首班车6:05，末班车00:30，票价€6；
- 私营机场班车每人€22起；
- 出租车€48（去奥勒良城墙内的目的地是固定价格）。

从钱皮诺机场出发

- 可乘坐巴士抵达中央火车站，首班车4:00，末班车23:15，票价€5；
- 私营机场班车每人€25；
- 出租车€30（奥勒良城墙内的目的地价格一致）。

从中央火车站出发

- 机场巴士、火车以及国际列车都会在中央火车站停靠，你可以从车站搭乘公交车、地铁或出租车前往城中各地。

3 当地交通

罗马的公共交通包括公交车、有轨电车、地铁和一条郊区城铁。中央火车站是罗马的公共交通枢纽。车票适用于一切公共交通工具，购票方式多样。10岁以下儿童免票。

M 地铁

在罗马，地铁要比地面交通更快捷，但路线覆盖有限，只有A线（橙色）和B线（蓝色）两条，中央火车站为换乘站。首班车5:30，末班车23:30，周五和周六末班车延至次日1:30。

公交车

大多数公交线路都会在中央火车站设站，运营时间大致为5:30至午夜，少量班次通宵运营。

步行

罗马很大，但历史中心区比较小。如果游览的线路不长，步行游览常常是最佳的选择。

区域速览

梵蒂冈和普拉蒂(148页)

梵蒂冈之行无疑是一场奢华的艺术盛宴，而去往附近普拉蒂的旅行将是一场美食的享受。

顶级景点

- 梵蒂冈博物馆
- 圣彼得大教堂

特里同(72页)

这个风格独特的高档街区位于两个著名广场的中间。设计品牌店铺和时髦的酒吧是这里的主旋律。

顶级景点

- 西班牙大台阶和西班牙广场

历史中心区(54页)

罗马的历史中心区是真正的核心区域，著名的广场、错综复杂的小巷、画廊、餐厅和酒吧无处不在。

顶级景点

- 万神殿

特拉斯特沃和贾尼科罗(134页)

特拉斯特沃的中世纪街道是热闹无比的酒吧和餐馆的聚集地。

顶级景点

- 特拉斯特沃圣玛丽亚教堂

罗马古城(40页)

破败的遗迹唤起人们对历史的回忆，神秘的传说如此遥不可及，参天的松树直插云霄，罗马全景尽收眼底，古罗马的核心区美得无以言表。

顶级景点

- 古罗马斗兽场
- 古罗马广场

特雷维和奎里纳尔
(84页)

这一片丘陵地带有著名的喷泉，意大利总统的官邸和几家不可错过的美术馆，很是繁华。

顶级景点

特雷维喷泉

蒙蒂和埃斯奎利诺
(98页)

蒙蒂遍布精品店和红酒吧，而埃斯奎利诺则拥有多元文化与不可错过的博物馆和教堂。

顶级景点

罗马国家博物馆马西莫浴场宫

圣若望和西里欧
(114页)

要想避开熙熙攘攘的游客，探访中世纪的教堂，那么来到圣若望的居民区和西里欧绿树成荫的山上，准没错！

顶级景点

拉特朗圣若望教堂

阿文提诺和泰斯塔乔
(126页)

从山顶的阿文提诺到山脚下的泰斯塔乔，这里的美食和夜生活能带给你从头到脚的愉悦，很适合那些寻求浪漫的人。

值得一游

顶级景点

亚壁古道

波格赛别墅

探索 罗马

值得一游

最佳步行游览

从古罗马斗兽场（见42页）望向君士坦丁凯旋门
RPBAIAO/SHUTTERSTOCK ©

罗马古城

罗马古城（Ancient Rome）是罗马的心脏，在这座美丽超凡的城市里仍显得卓尔不群。罗马那些象征着这座城市历史的大名鼎鼎的古迹全在这里，包括古罗马斗兽场、帕拉蒂诺山、古罗马广场、卡比托利欧山，以及卡比托利欧博物馆。虽然白天游人如织，但等到晚上大多数景点关门后会相当宁静。

一日游行程

早上先去参观令人敬畏的**古罗马斗兽场**（见42页），持斗兽场门票可免费参观帕拉蒂诺山和古罗马广场，所以下一站就去**帕拉蒂诺山**（见49页）。此山据说是罗慕路斯（Romulus）当年创立罗马城的地方，可以先去山上的**法尔内塞花园**（见49页）俯瞰**古罗马广场**（见44页）全景，随后下山参观广场。

下午参观**卡比托利欧博物馆**（见49页），欣赏馆中精妙的古典雕塑，进门前记得先去博物馆的咖啡馆**Terrazza Caffarelli**（见52页），尝一尝他家的帕尼尼三明治。结束参观后步行穿过**卡比托利欧广场**（见50页），一路走到**圣玛丽亚古教堂**（见50页）——那是古罗马广场上最古老的基督教堂。学了这么多历史，不妨放松一下，站在**维托里亚诺**（见51页）高高的台阶上，欣赏罗马熙熙攘攘的街景。如果还想继续探访古迹，那就再去逛逛沧桑的**帝国广场**（见50页）。想了解这些建筑背后的故事，就不要错过**图拉真市场及帝国广场博物馆**（见50页）。

逛了一个白天，晚上可以去**Terre e Domus**（见52页）品尝传统罗马菜，然后去**BrewDog Roma**（见52页）喝杯啤酒来结束这一天的行程。

顶级景点

古罗马斗兽场（见42页）

古罗马广场（见44页）

罗马最佳

历史

古罗马斗兽场（见42页）

古罗马广场（见44页）

帕拉蒂诺山（见49页）

真理之口（见51页）

建筑

古罗马斗兽场（见42页）

图拉真市场及帝国广场博物馆（见50页）

卡比托利欧广场（见50页）

到达和离开

公交车 Piazza Venezia居住区是古城西北一带重要的交通枢纽，40路、64路、87路、170路、916路和H路等公交车都在这里或附近停靠。

M 地铁 地铁B线在古罗马斗兽场（Colosseo）和马西莫竞技场（Circo Massimo）有站。如果从中央火车站上车，注意要选择B线“direzione Laurentina”（即“劳伦迪纳方向”）的列车。

顶级景点
古罗马斗兽场

作为罗马最令人激动和期待的古迹，古罗马斗兽场（Colosseum）带给游客的震撼无疑能使每个人都产生深深的敬畏之情。想当初，就是在这里，角斗士彼此性命相搏，囚犯与野兽拼死相争，那些以血战为乐的观众则在一旁咆哮呐喊。两千年后，斗兽场成为意大利首屈一指的景点，每年能吸引不下600万人次的游客。

见48页地图，D4

06 3996 7700

www.coopculture.it

Piazza del Colosseo

成人/优惠 含古罗马广场和帕拉蒂诺山 €12/7.50

8:30至日落前1小时

Colosseo

古罗马斗兽场内部

外部

斗兽场外体共分3层，每层都由带柱头（capital，术语，也就是石柱的顶部）的装饰石柱作为支撑框架，石柱的风格各异，一层（底层）为爱奥尼亚式，二层为多立克式，三层（顶层）为科林斯式。外墙在建造过程中使用了大量的石灰华，而且二层和三层的壁龛内嵌满了大理石像。当年，观众通过这80道拱门（vomitoria）入场就座，入场过程只需几分钟时间。

内部

斗兽场内部主场地原先铺有木地板，上面撒满沙子，目的是尽量避免角斗士在战斗中滑倒，也用作吸收角斗士们流下的鲜血。

地穴

地穴（hypogeum）可以说是斗兽场的“后台”。当年的罗马人会在这里准备角斗布景（例如可以移动的树木和建筑，为角斗增加趣味），选手不分人兽，也都要在这里“候场”。地穴上方就是斗兽场场地，地穴中的人、兽和布景都需要“升”到场内。为此，罗马人设计了80台绞盘升降机，只需一套滑轮组合来控制，非常精妙。

座席

座席区（cavea）分为3层，1层坐的是罗马政务官等高级官员，2层坐的是富有的公民，3层是平民百姓。最高层的最低票价区域则留给了女性观众（但维斯塔贞女——vestal virgin，即侍奉维斯塔女神的女性祭司——可以享受特殊待遇，另有专座）。和现代的体育场一样，当年的门票也有编号，明确指定了区域及座位。2015年，古迹修复人员在多个拱门上方发现了残留的红色数字，就是当年被用于标识区域的编号。

☑ 独家贴士

- 避开人流，最好清晨或下午晚些时候参观。
- 如果排队购票的人很多，可以去帕拉蒂诺山售票点购买联票。距此大约250米，位于Via di San Gregorio 30。
- 不想排队购票，也可以通过www.coopculture.it在线购票（订票费€2），或者买一张“罗马通票”（Roma Pass），也可以参加官方组织的英语导览游（常规门票之外需另交€5）。
- 想参观地穴以及座席区上层，可报名参加专门的导览游。该导览游必须提前预约，在斗兽场常规票价之外还需另付€9。

吃喝落脚点

斗兽场周边的餐厅很“宰客”，不妨到东边的Cafè Cafè（见121页）里吃一顿简餐。

顶级景点
古罗马广场

古罗马广场（Roman Forum/Foro Romano）是古罗马最重要的“展示窗口”，汇集了众多神庙和教堂，宏伟气派，且公共空间十分热闹。这里古迹壮观繁多，若只是走马观花，可能会让你逛得一头雾水。但要是能发挥你的想象力，跟随恺撒大帝等古罗马传奇人物的脚步吊古怀今，自然可以收获一种美妙的震撼。

见48页地图，C3

06 3996 7700

www.coopculture.it

Largo della Salara Vecchia, Piazza di Santa Maria Nova

成人/优惠 含古罗马斗兽场和帕拉蒂诺山 €12/7.50

8:30至日落前1小时

Via dei Fori Imperiali

塞维鲁凯旋门

圣道

圣道（Via Sacra）是古罗马广场的主干道，从西北至东南贯穿广场。古时候打仗得胜后，罗马军人常常会沿着圣道举行“凯旋庆典”（拉丁语为“triumph”），一路走到卡比托利欧山，十分壮观。

元老院

沿着圣道前行便是元老院（Curia），古罗马元老集会议事的地方。元老院原建于公元3世纪戴克里先皇帝（Diocletian）治下，目前的建筑是在1937年重建的。元老院面前，有一座被脚手架包裹的黑石神庙遗址（Lapis Niger）。如今只剩下一大块黑色的大理石，据说石头下面就是罗慕路斯的墓。

塞维鲁凯旋门

塞维鲁凯旋门（Arco di Settimio Severo）立于圣道的尽头，高23米，建于公元203年，旨在庆祝罗马在塞维鲁皇帝与两位皇子的领导下击败帕提亚人。

演讲台

演讲台（Rostri）规模巨大，设计精美，面前曾经是古罗马的集市广场（Piazza del Foro）。“rostri”一词在拉丁语中拼作“rostra”，指的是战船上青铜打造的尖刺（用以撞击并破坏敌船）。公元前338年，罗马人在安提乌姆（Antium）一役中缴获了若干尖刺，并放在这里作装饰，演讲台故而得名。

弗卡斯之柱

弗卡斯之柱（Colonna di Foca）位于原集市广场的正中心，是为了纪念东罗马帝国皇帝弗卡斯（Phocas）而于公元608年建立。

萨图努斯神庙

萨图努斯神庙（Tempio di Saturno）是古罗马广

☑ 独家贴士

- 站在帕拉蒂诺山或是卡比托利欧山上俯瞰广场，景色最为壮观。也可以选择前往皇帝密道（Rampa imperiale；密道很大一部分位于帕拉蒂诺山山体中，连接山上的皇宫）顶部的观景台。
- 最好清晨或下午晚些时候游览，11:00~14:00游人最多。
- 夏季，广场一带非常炎热，少有阴凉，要戴帽子，并带足水。
- 想要方便，可以在圣玛丽亚古教堂旁边找到厕所。

吃喝落脚点

想喝杯咖啡歇歇脚，可以去卡比托利欧博物馆的Terrazza Caffarelli（见52页），咖啡馆位于博物馆天台，独揽四周无遮美景。

如果想饱餐一顿，可以选择Terre e Domus（见52页），那里的当地菜肴和佐餐的当地葡萄酒都非常棒。

0 200 m
0 0.1 miles
Via Cavour
Via del Colosseo
Via del Tempio della Pace
Largo C Ricci
Via dei Fori Imperiali
Largo della Salara Vecchia
Entrance 入口
Basilica Fulvia Aemilia 艾米利大圣堂
Tempio di Antonino e Faustina 安东尼和福斯蒂娜神庙
Tempio di Romolo 罗慕路斯神庙
Basilica di Massenzio 马克森提乌斯教堂
Entrance 入口
Arco di Tito 提图斯凯旋门
Via Sacra
Tempio di Giulio Cesare 尤利乌斯·恺撒神庙
Casa delle Vestali 维斯塔贞女馆
Tempio di Vesta 维斯塔神庙
Tempio di Castore e Polluce 双子神庙
Chiesa di Santa Maria Antiqua 圣玛丽亚古教堂
Rampa imperiale 皇帝密道
Orti Farnesiani 法尔内塞花园
Via della Salara Vecchia
Via Sacra 圣道
Curia 元老院
Via della Curia
Via di Tulliano
Lapis Niger 黑石神庙遗址
Piazza del Foro 集市广场
Arco di Settimio Severo 塞维鲁凯旋门
Colonna di Foca 弗卡斯之柱
Rostri 演讲台
Basilica Giulia 朱利亚会堂
Vicus Tuscus
Entrance 入口
Tempio della Concordia 康科德神庙
Tempio di Vespasiano 维斯帕先和提图斯神庙
Tempio di Saturno 萨图努斯神庙
Portico degli Dei Consenti
Via di San Pietro in Carcere
Piazza del Campidoglio 卡比托利欧广场
Via del Foro Romano
Via dei Foraggi
Via dei Fienili

提图斯凯旋门

场上的标志景观之一。神庙原建于公元前497年，并于公元前1世纪重建，是罗马的“国库”所在。

双子神庙

双子神庙（Tempio di Castore e Polluce）位于古罗马广场中央，现在仅存3根科林斯式柱，建于公元前484年，旨在庆祝罗马在公元前496年击败拉丁同盟（Latin League），供奉的是卡斯特（Castor）与波鲁克斯（Pollux）。

维斯塔贞女馆

维斯塔贞女馆（Casa delle Vestali）是当年维斯塔贞女的住所。她们的任务就是在旁边的维斯塔神庙（Tempio di Vesta）中侍奉圣火。贞女必须出身名门，需从6~10岁的女孩中挑选，共有6名，在神庙中侍奉30年。

马克森提乌斯教堂

马克森提乌斯教堂(Basilica di Massenzio)由马克森提乌斯皇帝(Emperor Maxentius）下令修建，完工于公元315年，最初占地长约100米，宽约65米，今天仍是古罗马广场上规模最大的建筑。

提图斯凯旋门

提图斯凯旋门（Arco di Tito）建于公元81年，保存相当完好，当时是为庆祝维斯帕先（Vespasian）和提图斯（Titus）两位皇帝领导罗马攻陷耶路撒冷。

A
B
C
D
1
2
3
4
5
0 200 m
0 0.1 miles
Piazza Venezia
威尼斯广场
Piazza di San Marco
Via di San Marco
Piazza d'Aracoeli
Colonna Traiana
图拉真之柱
10
Via IV Novembre
Via Nazionale
Largo Angelicum
Via Panisperna
Via Cimarra
Via dei Serpenti
Piazza Madonna dei Monti
Via Baccina
Via della Madonna dei Monti
Via Cavour
Via degli Annibaldi
5 Mercati di Traiano Museo dei Fori Imperiali
图拉真市场及帝国广场博物馆
Imperial Forums
帝国广场
6
8 Vittoriano
维托里亚诺
Via dei Fori Imperiali
Via Alessandrina
Via Tor de' Conti
Largo C Ricci
Via del Colosseo
Via del Teatro di Marcello
Piazza del Campidoglio
7
卡比托利欧广场
3 Capitoline Museums
卡比托利欧博物馆
13
Largo della Salara Vecchia
Roman Forum
古罗马广场
Via dei Fori Imperiali
12
Largo G Agnesi
Via N Salvi
Colosseo
Via di Monte Caprino
Via Consolazione
Vic Jungario
Via dei Foraggi
Via di San Teodoro
4 Chiesa di Santa Maria Antiqua
圣玛丽亚古教堂
Piazza di Santa Maria Nova
Via Sacra
Colosseum
古罗马斗兽场
CAMPITELLI
Via Petroselli
11
Piazza Bocca della Verità
Via del Velabro
2 Orti Farnesiani
法尔内塞花园
Arco di Costantino
君士坦丁凯旋门
Piazza del Colosseo
Vigna Barberini
巴贝里尼葡萄园
Via Celio Vibenna
1 Palatino
帕拉蒂诺山
Piazza di Sant'Anastasia
Bocca della Verità
9
真理之口
Via d Ara Mass di Ercole
Via della Greca
14
Via dei Cerchi
Via di San Gregorio
Viale del Parco del Celio
Clivo di Scauro
Via del Circo Massimo
Clivo dei Publici
Circo Massimo
马西莫竞技场
详细介绍请见
顶级景点 42页
景点 49页
就餐 52页
饮品 52页

帕拉蒂诺山

景点

帕拉蒂诺山 考古遗址

1 见48页地图，C4

帕拉蒂诺山位于古罗马广场和马西莫竞技场之间，山上松树参天，古迹恢宏。公元前753年，罗慕路斯在这里创立了罗马城，罗马多位皇帝也都在这里建造了穷奢极欲的宫殿。亮点包括**古运动场**(stadio, Stadium; Via di San Gregorio 30, Palatino; ⓂColosseo)以及**皇宫**(Domus Flavia, Imperial Palace; Via di San Gregorio 30, Palatino; ⓂColosseo)遗址，在法尔内塞花园还可以俯瞰古罗马广场的极致美景。(Palatino, Palatine Hill; ☎06 3996 7700; www.coopculture.it; Via di San Gregorio 30, Piazza di Santa Maria Nova; 成人/优惠 含古罗马斗兽场和古罗马广场 €12/7.50; ⏲8:30至日落前1小时; ⓂColosseo)

法尔内塞花园 花园

2 见48页地图，B4

帕拉蒂诺山上的这片花园建于16世纪，是欧洲最古老的植物园之一，北端设有观景平台，可鸟瞰古罗马广场美到令人窒息的全景。(Orti Farnesiani; Via di San Gregorio 30, Palatino; ⓂColosseo)

卡比托利欧博物馆 博物馆

3 见48页地图，A2

卡比托利欧博物馆的历史可以追溯到1471年，是世界上最古老的公共博物馆，馆内收藏的古典雕塑作品，其精美程度堪称意大利之最。无人不知的《卡比托利欧之狼》(*Lupa capitolina*)就是其中最吸引眼球的藏品之一，母狼身下那两个人就是日后创立罗马的罗慕路斯和雷穆斯。《将死的高卢人》(*Galata morente*)同样不凡，将一位即将死去的高卢战士刻画得逼真动人。博物馆的美术馆也不容小觑，内有提香(Titian)、丁托列多(Tintoretto)、鲁本斯(Rubens)、卡拉瓦乔(Caravaggio)等大师的杰作。举办临时展期间博物馆门票价格会上调。(Capitoline Museums, Musei Capitolini; ☎06 06 08; www.museicapitolini.org; Piazza del Campidoglio 1; 成人/优惠 €11.50/9.50; ⏰9:30~19:30, 18:30后禁止入内; 🚌Piazza Venezia)

圣玛丽亚古教堂 教堂

4 ◉ 见48页地图，B3

这座古教堂是古罗马广场上最古老、最重要的建筑，也是绝无仅有的早期基督教艺术宝库。其内部空间巨大，在经历了30年的修复工作后，最近才重新开放，公元6~9世纪的壁画比比皆是。东墙上的一幅画尤为抢眼，画中的基督与东西教会的长老齐聚一堂，其上方还悬挂着一幅圣母圣子画，是现存最古老的圣像画之一。(Chiesa di Santa Maria Antiqua; Largo della Salara Vecchia, Roman Forum; ⏰目前关闭; 🚌Via dei Fori Imperiali)

图拉真市场及帝国广场博物馆 博物馆

5 ◉ 见48页地图，B1

曾经的图拉真市场是图拉真皇帝在公元2世纪时兴建的一片大型建筑群。如今这家卓绝的博物馆将为你再现那段历史。馆中还通过多媒体展示、讲解牌以及零零星星的考古文物对帝国广场进行了生动有趣的介绍。(Mercati di Traiano Museo dei Fori Imperiali; ☎06 06 08; www.mercatiditraiano.it; Via IV Novembre 94; 成人/优惠 €11.50/9.50; ⏰9:30~19:30, 18:30后禁止入内; 🚌Via IV Novembre)

帝国广场 考古遗址

6 ◉ 见48页地图，B2

帝国广场是图拉真、奥古斯都(Augustus)、涅尔瓦(Nerva)和恺撒等4座广场的统称，从Via dei Fori Imperiali和Via Alessandrina两条街上就能望见(但后者私家车禁行)。1933年，墨索里尼将原来的Via dei Fori Imperiali(即“帝国广场街”)推平，4座广场大多数建筑都被埋入地下，但经过后来的考古发掘工作，使得许多古迹重见天日。亮点景点包括图拉真市场和地标建筑图拉真之柱(Colonna Traiana)，前者可从帝国广场博物馆前往参观。(Imperial Forums, Fori Imperiali; Via dei Fori Imperiali; 🚌Via dei Fori Imperiali)

卡比托利欧广场 广场

7 ◉ 见48页地图，A2

米开朗琪罗于1538年设计的这个广场位于卡比托利欧山山顶，是罗马最美的广场之一。广场周边辐射了多条道路，若想以最奇幻的方式进入广场，应该从山下的**天坛广场**(Piazza d' Aracoeli)出发，沿着典雅的**科多纳塔台阶**(Cordonata; Piazza d' Aracoeli)爬上来。广场一侧是新宫(Palazzo Nuovo),一侧是仲裁官府(Palazzo dei Conservatori),两座宫殿现共同构成了卡比托利欧博物馆。旁边的元老宫(Palazzo Senatorio)现为罗马市政厅。广场中央立有马可·奥勒留(Marcus Aurelius)骑马像的复制品(译者注:原雕像现收藏于卡比托利欧博物馆)。(Piazza del Campidoglio; Piazza Venezia)

维托里亚诺

纪念碑

8 见48页地图,A2

维托里亚诺[也称作Altare della Patria,即祖国祭坛(Altar of the Fatherland)]通体白色大理石,好像大山一样伫立在威尼斯广场(Piazza Venezia)上。和当地人一样,无论你喜欢与否,都无法对其视而不见。纪念馆兴建于1885年,纪念的是意大利第一个国王维托里奥·埃马努埃莱二世(Victor Emmanuel Ⅱ)——纪念馆中那个巨型骑马像正是本尊。纪念堂包括规模不大的**意大利统一博物馆**(Museo Centrale del Risorgimento; 06 679 35 98; www.risorgimento.it; 成人/优惠 €5/2.50; 9:30~18:30; Piazza Venezia),展示了意大利的统一过程,以及**无名烈士墓**(Tomb of the Unknown Soldier)。

想360度俯瞰罗马,一定要乘坐**罗马空中观光梯**(Roma dal Cielo; 成人/优惠 €7/3.50; 9:30~19:30, 19:00后禁止入内; Piazza Venezia)登上纪念堂顶部。(Vittoriano, Victor Emmanuel Monument; Piazza Venezia; 门票免费; 夏季 9:30~17:30, 冬季 至16:30; Piazza Venezia)

真理之口

纪念碑

9 见48页地图,A4

一面大大的大理石圆盘上雕刻着一张长胡子的人脸,这就是罗马那个最受喜爱的景点。传说把手放到真理之口中撒一个谎,石嘴就会"啪"的一下关上,把人的手咬掉。这面圆盘有人说是从前某个喷泉的一部分,也有人说是古代的下水井盖,目前位于科斯美丁圣玛丽亚教堂(Chiesa di Santa Maria in Cosmedin)的外廊里。这是一座漂亮的中世纪教堂。(Bocca della Verità, Mouth of Truth; Piazza Bocca della Verità 18; 9:30~17:50; Piazza Bocca della Verità)

当地生活

慢跑

你可以穿上跑步鞋,加入当地慢跑族的队伍,跟着他们的节奏在**马西莫竞技场**(Circo Massimo, Circus Maximus; 见48页地图; 06 06 08; Piazza di Porta Capena; M Circo Massimo)里跑上几圈。高手可以报名参加马拉松,在城市的街道上驰骋。罗马马拉松每年4月初举行,起点和终点都在Via dei Fori Imperiali。

就餐

Terre e Domus

拉齐奥菜 €€

10 见48页地图，B1

餐厅用白色外墙配大玻璃窗，风格现代，在游客味儿很重的古罗马广场一带可谓首选。室内装饰为极简风格，巨大的窗外就是图拉真之柱，就餐的氛围惬意，主打当地传统菜肴，食材全部来自周边的拉齐奥地区，不妨再来上一两杯当地的葡萄酒佐餐。（06 6994 0273；Via Foro Traiano 82-4；餐 €30；周一和周三至周六 9:00至午夜，周日10:00至午夜；Via dei Fori Imperiali）

Ristorante Roof Garden Circus

意式餐厅 €€€

11 见48页地图，A4

餐厅开在Forty Seven酒店的天台上，环境浪漫，大厨擅长经典罗马菜和当代地中海料理，菜单随季节而变。眼前的阿文提诺山是眼福，桌上的菜肴便是口福。想吃饱，就来一份spaghetti ajo e ojio（加了大蒜和橄榄油的意面），想吃爽，可以来一份菲力牛排配西葫芦、薄荷和烤辣椒。（06 678 78 16；www.fortysevenhotel.com；Via Petroselli 47, Hotel Forty Seven；餐 €60；正午至22:30；Via Petroselli）

饮品

BrewDog Roma

精酿啤酒

12 见48页地图，D3

这是苏格兰啤酒厂BrewDog在罗马新开的一家酒吧，紧邻斗兽场。自2015年底开业至今，大受罗马精酿啤酒爱好者的欢迎。酒吧内砖墙裸露，现打啤酒多达20款，绝对是观光一天后放松休闲的好去处。（392 9308655；www.brewdog.com/bars/worldwide/roma；Via delle Terme di Tito 80；周日至周四 正午至次日1:00，周五和周六 至次日2:00；M Colosseo）

Terrazza Caffarelli

咖啡馆

13 见48页地图，A2

咖啡馆开在卡比托利欧博物馆时髦的露台上，到这里歇歇脚，顺便喝些东西或是简单地吃顿午餐（有帕尼尼、沙拉、意面），罗马城中各种建筑的穹顶与屋顶尽陈眼前，景色魔幻，令人难忘。尽管开在博物馆里，来这里却不必买博物馆门票，咖啡馆在Piazzale Caffarelli上有独立入口。（Caffetteria dei Musei Capitolini；06 6919 0564；Piazzale Caffarelli 4；9:30~19:00；Piazza Venezia）

0,75

酒吧

14 见48页地图，B4

酒吧正对马西莫竞技场，氛围友好轻松，大可以晚上来这里喝点东西消磨时光，吃点小食或一顿便饭（主菜€6~16.50）。这里有来自五湖四海的人，顶上的木梁很养眼，音乐也够潮。（06 687 57 06；www.075roma.com；Via dei Cerchi 65；11:00至次日2:00；；Via dei Cerchi）

了解当地

罗马皇帝"名人堂"

罗马帝国一共有大约250位皇帝，其中称得上真英雄的并不多。下面介绍的这10位皇帝都很突出，其中有明主，有昏君，也有疯子。

奥古斯都（Augustus；公元前27年至公元14年）罗马的开国皇帝，为帝国带来了和平与安定，促进了艺术的繁荣，治下兴建了许多宏伟的建筑。

卡里古拉（Caligula；37~41年）继奥古斯都和提比略（Tiberius）之后罗马的第三位皇帝，原本深得民心，后来患病，结果变得堕落腐化，最终在帕拉蒂诺山上被侍卫谋害，其声名狼藉一直传世至今。

克劳狄乌斯（Claudius；41~54年）扩大了罗马帝国的版图，征服了不列颠，最终被人毒杀，背后的指使者很可能是他的皇后，即尼禄的母后阿格里皮娜（Agrippina）。

尼禄（Nero；54~68年）执政初期颇为贤明，后来渐渐丧失理性，派人谋杀自己的母亲，迫害基督徒。为了给自己修建金宫（Domus Aurea），打算把半个罗马城都铲平，最终被逼自尽。

维斯帕先（Vespasian；69~79年）弗拉维王朝第一位皇帝，大力维护国家安定，改善帝国财政。古罗马斗兽场是他留给后世最伟大的遗产。

图拉真（Trajan；98~117年）征服了东方，带领罗马帝国走向巅峰。他对罗马城中心区进行了修缮，当时建造的广场、市场和纪念柱全部保留至今。

哈德良（Hadrian；117~138年）结束了帝国的扩张，沿边境线修建了哈德良长城。

奥勒良（Aurelian；270~275年）致力于控制国内叛乱，但效果不佳，导致罗马帝国在3世纪末处处告急。他给罗马城修建的城墙今天被称为奥勒良城墙。

戴克里先（Diocletian；284~305年）公元285年导致罗马帝国东西分裂，在控制帝国东疆局势方面捉襟见肘，在任期间开始残忍迫害基督徒。

君士坦丁一世（Constantine I；306~337年）虽然身在拜占庭（后来为纪念他而重新命名为君士坦丁堡），却使得基督教成了罗马帝国的国教。

探索

历史中心区

历史中心区（Centro Storico）不大，却挤满了热闹的广场、鹅卵石小巷、文艺复兴时代的宅邸与巴洛克风格的教堂，在许多人眼中是最有“罗马味”的罗马。散发着浪漫风情的街道上尽是精品店、咖啡馆、餐厅和特色酒吧，集市里的商贩与街头艺人也为广场带来了勃勃生机。

一日游行程

罗马历史中心区是散步的好地方。早上先去**Caffè Sant' Eustachio**（见68页）来一杯意式浓缩咖啡，然后趁着游人还不多去参观**万神殿**（见56页）。下一站是**密涅瓦神庙遗址上的圣玛丽亚教堂**（见64页），去那里欣赏一件米开朗琪罗不太知名的作品，接下来到**多利亚潘菲利宫画廊**（见62页）尽情欣赏早期绘画大师的杰作。结束参观后去**La Ciambella**（见66页）吃午餐，顺便拜访一下**耶稣会教堂**（见62页）。

饱餐之后，先去罗马最抢眼的巴洛克广场——**纳沃纳广场**（见62页；左图）。附近的**罗马国家博物馆阿尔腾普斯宫**（见63页）里有不少精彩的古典雕塑，还有**法国圣路易教堂**（见63页），收藏有3件卡拉瓦乔的大作。最后去**鲜花广场**（见69页）结束白天的参观。

晚餐去**Emma Pizzeria**（见65页）享用美味的比萨，然后到**Gelateria del Teatro**（见66页）品尝意式冰激凌，最后在历史中心区众多酒吧里找一家泡一泡——**Gin Corner**（见69页）的鸡尾酒值得推荐。

想体验历史中心区当地人的一天，见58页。

顶级景点

万神殿（见56页）

当地生活

历史中心区一日游（见58页）

罗马最佳

历史

万神殿（见56页）

耶稣会教堂（见62页）

Teatro Argentina（见69页）

饮食

Armando al Pantheon（见66页）

Gelateria del Teatro（见66页）

到达

公交车 坐公交车去历史中心区最方便。中央火车站是一个公交枢纽，其中40路和64路都在Largo di Torre Argentina和Corso Vittorio Emanuele II沿线停靠。你也可以从Barberini地铁站下车，到附近的Via del Tritone 搭乘492路，在Corso del Rinascimento 站下车游览纳沃纳广场。

地铁 历史中心区内没有地铁站，但从A线的Barberini、Spagna或Flaminio站下车，都可以步行来此游览。

有轨电车 8路有轨电车从威尼斯广场出发，经Via Arenula最终抵达特拉斯特沃。

顶级景点
万神殿

万神殿（Pantheon）有2000年历史，原为神庙，现为教堂，造型奇特，是罗马保存最完好的古代建筑，也是西方世界最有影响力的建筑之一。从外面看，万神殿暗淡无光，满目疮痍，可当你穿过巨大的青铜门，仰望人类历史上规模最大的无支撑混凝土穹顶，这独一无二的体验会让你为之振奋。

见60页地图，C3

www.pantheonroma.com

Piazza della Rotonda

门票免费

周一至周六 8:30~19:15，周日 9:00~17:45

Largo di Torre Argentina

万神殿穹顶上的天眼

外部

万神殿最初架在一片台基上，入口原先正对一片长方形柱廊广场。如今深灰色的外墙布满疮痍，面前是被咖啡馆包围了的热闹的Piazza della Rotonda广场。正面磨损更为严重，但仍不失庄严雄伟。入口处尤显恢宏，其柱廊共立有16根科林斯式柱，每根高11.8米的柱子都是从一整块埃及花岗岩上劈凿出来的。

内部

尽管从外面看已然相当震撼了，但万神殿的宏大只有走进去才能真正体会。殿内呈圆柱形结构，通体大理石，四周立满神像，穹顶中央有一个直径8.7米的天眼（oculus），阳光经天眼直射下来，让内部空间显得更为宏大。这种设计是有意为之，能让神像面前的信徒觉得自己更为渺小。

入口正对面是教堂的主圣坛，圣坛上悬挂着一幅7世纪时创作的《圣母圣子像》（*Madonna col Bambino*）。进门后往左看，可以看到拉斐尔的坟墓，那里立着一尊雕塑，名为《岩间圣母》（*Madonna del Sasso*），由洛伦泽托（Lorenzetto）创作于1520年。

穹顶

万神殿的穹顶被视为古罗马最重要的建筑成就，且一直以来都是世界上最大的穹顶，直到15世纪才被布鲁内列斯基（Brunelleschi）设计的佛罗伦萨大教堂穹顶击败。外形的和谐得益于精准的对称——穹顶直径与万神殿内高完全一样，都是43.4米。穹顶中心的天眼象征着与众神交流的窗口，同时又起到了至关重要的结构功能，可以吸收和分散穹顶巨大的张力。

☑ 独家贴士

- 万神殿目前职能为教堂，周六17:00以及周日10:30会举行弥撒仪式。
- 中午参观可以看到阳光透过天眼的奇景。
- 低头抬头都有收获：雨水会通过天眼落到殿内，因此为了排水，大理石地面被设计成了斜坡，而且上面还藏着22个隐蔽的排水孔。
- 晚上来这里参观，青黑色夜空中的万神殿尤为震撼。

吃喝落脚点

万神殿周边的街道里，餐厅、咖啡馆和酒吧开得密密麻麻。想用一杯意式浓缩提神醒脑，可以考虑附近的La Casa del Caffè Tazza d'Oro（见68页）——罗马最好的咖啡馆之一。

旁边一条安静的小巷里藏着一家La Ciambella（见66页）餐馆，氛围惬意，饭菜全天供应，不妨去那里躲避喧嚣，吃一盘美味的意面。

当地生活
历史中心区一日游

罗马的历史中心区魔力非凡，被浪漫的广场、醉人的小巷与街边的咖啡馆迷倒的，并非只有游客。避开那些游客成群的地方，你会发现当地人也喜欢来这里，买些东西，喝酒放松，参观展览，或是单纯地和朋友聚一聚。

❶ 去布拉曼特回廊看展览

布拉曼特回廊（Chiostro del Bramante; www.chiostrodelbramante.it; Via Arco della Pace 5; 展览 成人/优惠 €13/11; ⊙教堂 周一、周三和周六 9:00~23:45，回廊 周一至周五 10:00~20:00，周六和周日至21:00; 🚌Corso del Rinascimento）藏在纳沃纳广场附近的一条小巷里，文艺复兴风格，你可以在惊艳的环境中欣赏里面的现代艺术展。楼上自带一家时髦的

咖啡馆，参观之余可以去那里喝咖啡、饮料，或是吃一顿简单的午餐。

❷ 去乔凡诺维奇奥大街周边购物

乔凡诺维奇奥大街（Via del Governo Vecchio; 🚇Corso Vittorio Emanuele II）两边都是文艺范儿的精品店，魅力十足，街道紧挨着Piazza Pasquino广场，广场上有一尊著名的“会说话的雕塑”（所谓“会说话”，指的是罗马人曾经把嘲讽政府的话写到纸条上，然后贴到雕塑身上）。这里有时游客众多，但当地人也很喜欢这里的氛围，周边有不少不错的商店，包括时尚牛仔裤品牌店**SBU**（☎06 6880 2547; www.sbu.it; Via di San Pantaleo 68-69; ⏲周一至周六10:00~19:30; 🚇Corso Vittorio Emanuele II）。

❸ 在Alfredo e Ada吃午餐

想到地道的意式小馆里吃顿饭，不要错过备受推崇的**Alfredo e Ada**（☎06 687 8842; Via dei Banchi Nuovi 14; 餐 €25~30; ⏲周二至周六 正午至15:00和19:00~22:00; 🚇Corso Vittorio Emanuele II）。这家餐馆朴实无华，店里摆着几张不甚结实的桌子，大理石桌面，还弄了些增添家庭氛围的装饰，气氛温馨友好，烹制的传统罗马菜又实惠又美味。

❹ 去朱利亚路散步

朱利亚路（Via Giulia）两边林立着一座座文艺复兴时代的宅邸，点缀着一盆盆橘树，漫步其间，仿佛置身画中。南端的面具喷泉（Fontana del Mascherone）建于17世纪，上面那张人脸一副目瞪口呆的表情，口中喷水，好不有趣。附近还有一座法尔内塞凯旋门（Arco Farnese），那里本是用来连接两座法尔内塞家族宫殿的通道，设计颇具野心，可惜并未完工。

❺ 参观迷幻的斯帕达宫

大多数观光团都会忽视**斯帕达宫**（Palazzo Spada, Palazzo Capodiferro; ☎06 683 2409; http://galleriaspada.beniculturali.it; Piazza Capo di Ferro 13; 成人/优惠 €5/2.50; ⏲周三至周一 8:30~19:30; 🚇Corso Vittorio Emanuele II），那里有一条博罗米尼（Borromini）设计的“透视走廊”（Prospettiva），是建筑学上著名的“光学魔术”。石柱两立的走廊看起来有25米长，远端是树篱和一尊看起来真人大小的雕像（后来加上去的），可实际上，走廊只有10米长，雕像则只有半人高。

❻ 到Open Baladin喝啤酒

罗马的精酿啤酒现在已经声名鹊起，**Open Baladin**（☎06 683 8989; www.openbaladinroma.it; Via degli Specchi 6; ⏲正午至次日2:00; 📶; Via Arenula）更是圈中的翘楚，现打啤酒超过40款，瓶装啤酒多达100款。酒馆开在鲜花广场附近，风格时尚，主打意大利啤酒，许多都来自国内小型精酿酒厂。

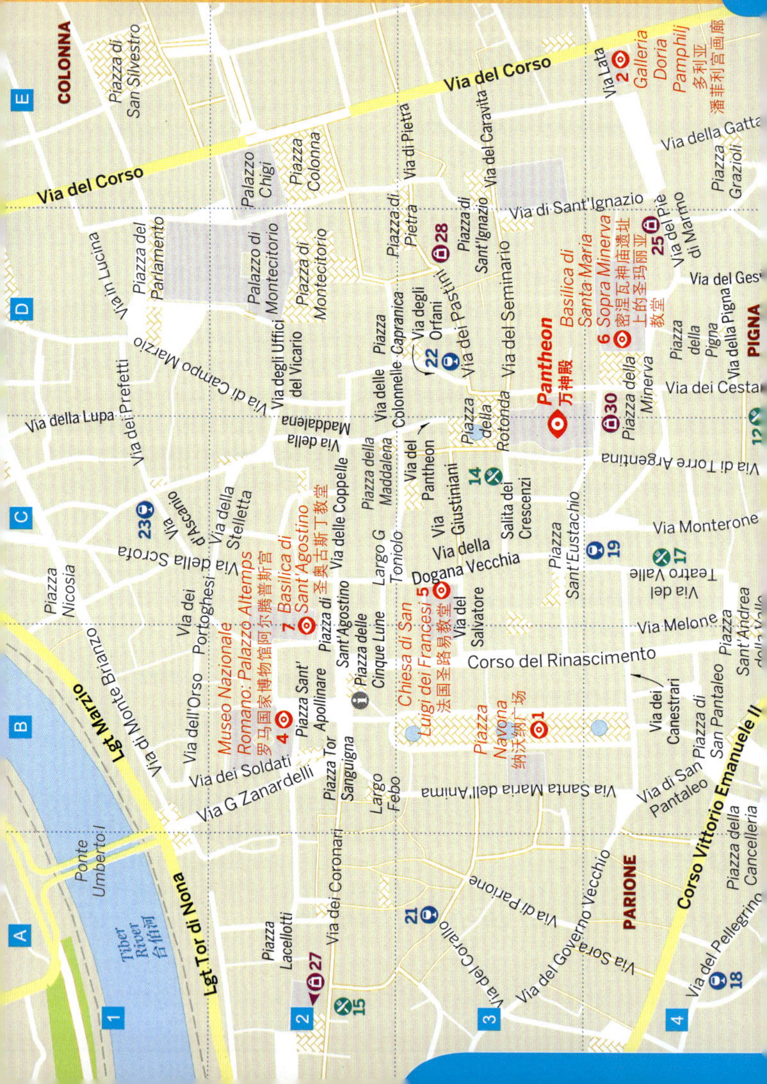
COLONNA
Piazza di San Silvestro
Via del Corso
Palazzo Chigi
Piazza Colonna
Via di Pietra
Via del Caravita
Via Lata
2 Galleria Doria Pamphilj 多利亚潘菲利宫画廊
Via della Gatta
Piazza Grazioli
Via di Sant'Ignazio
Piazza di Sant'Ignazio
Piazza di Pietra
28
Via in Lucina
Piazza del Parlamento
Palazzo di Montecitorio
Piazza di Montecitorio
Via degli Orfani
Piazza Capranica
Via dei Pastini
Via del Seminario
Basilica di Santa Maria Sopra Minerva 6 密涅瓦神庙遗址上的圣玛丽亚教堂
25
Via del Piè di Marmo
Via del Gesù
Piazza della Pigna
Via della Pigna
PIGNA
Via di Campo Marzio
Via degli Uffici del Vicario
Via delle Colonnelle
22
Pantheon 万神殿
Piazza della Minerva
30
Via dei Cestari
Via della Lupa
Via dei Prefetti
Via della Maddalena
Piazza della Rotonda
Via del Pantheon
Piazza della Maddalena
12
Via di Torre Argentina
23
Via d'Ascanio
Via della Stelletta
Via della Scrofa
7 Basilica di Sant'Agostino 圣奥古斯丁教堂
Via delle Coppelle
Largo G Toniolo
Via Giustiniani
14
Salita dei Crescenzi
Via della Dogana Vecchia
Piazza Sant'Eustachio
19
Via Monterone
17
Via del Teatro Valle
Piazza Nicosia
Via dei Portoghesi
Museo Nazionale Romano: Palazzo Altemps 罗马国家博物馆阿尔腾普斯宫
Piazza di Sant'Agostino
Piazza delle Cinque Lune
5 Chiesa di San Luigi dei Francesi 法国圣路易教堂
Via del Salvatore
Corso del Rinascimento
Via Melone
Piazza Sant'Andrea della Valle
Lgt Marzio
Via di Monte Brianzo
Via dell'Orso
4
Piazza Sant'Apollinare
Piazza Navona 纳沃纳广场 1
Via dei Canestrari
Piazza di San Pantaleo
Via dei Soldati
Via G Zanardelli
Piazza Tor Sanguigna
Largo Febo
Via Santa Maria dell'Anima
Via di San Pantaleo
Corso Vittorio Emanuele II
Ponte Umberto I
Tiber River 台伯河
Lgt Tor di Nona
Via dei Coronari
Via di Parione
Via del Governo Vecchio
PARIONE
Piazza della Cancelleria
Piazza Lacellotti
27
15
21
Via del Corallo
Via Sora
Via del Pellegrino
18
A
B
C
D
E
1
2
3
4

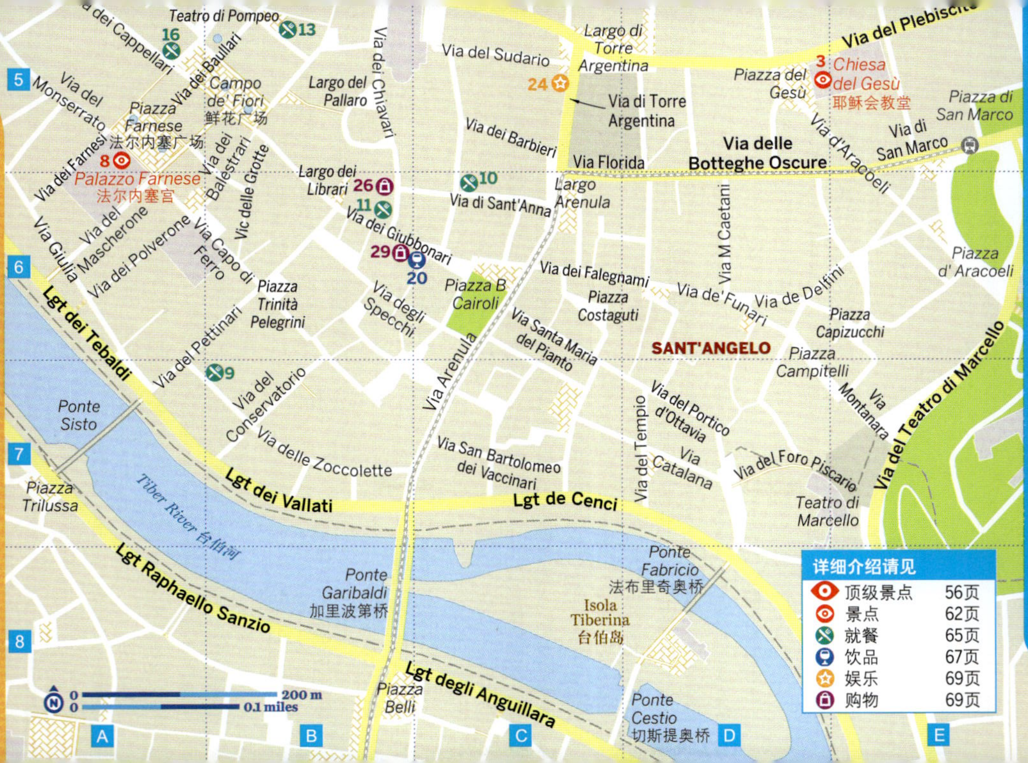
Via del Plebiscito
Teatro di Pompeo
Via dei Cappellari
16
13
Via dei Baullari
Campo de' Fiori
鲜花广场
Via del Monserrato
Piazza Farnese
法尔内塞广场
Via dei Farnesi
8
Palazzo Farnese
法尔内塞宫
Via dei Balestrari
Vic delle Grotte
Via Giulia
Via del Mascherone
Via dei Polverone
Via Capo di Ferro
Largo del Pallaro
Via dei Chiavari
Largo dei Librari
26
11
Via dei Giubbonari
29
20
Piazza Trinità Pelegrini
Via dei Pettinari
9
Via del Conservatorio
Via degli Specchi
Piazza B Cairoli
Via Arenula
Via del Sudario
24
Largo di Torre Argentina
Via di Torre Argentina
Via dei Barbieri
Via Florida
Largo Arenula
10
Via di Sant'Anna
Via dei Falegnami
Piazza Costaguti
Via Santa Maria del Pianto
Via delle Botteghe Oscure
Via M Caetani
Via de' Funari
Via de Delfini
SANT'ANGELO
3
Chiesa del Gesù
耶稣会教堂
Piazza del Gesù
Via d'Aracoeli
Via di San Marco
Piazza di San Marco
Piazza d' Aracoeli
Piazza Capizucchi
Piazza Campitelli
Via Montanara
Via del Teatro di Marcello
Via del Portico d'Ottavia
Via del Tempio
Via Catalana
Via del Foro Piscario
Teatro di Marcello
Via San Bartolomeo dei Vaccinari
Via delle Zoccolette
Lgt dei Tebaldi
Lgt dei Vallati
Lgt de Cenci
Ponte Sisto
Piazza Trilussa
Tiber River 台伯河
Lgt Raphaello Sanzio
Ponte Garibaldi
加里波第桥
Piazza Belli
Lgt degli Anguillara
Isola Tiberina
台伯岛
Ponte Fabricio
法布里奇奥桥
Ponte Cestio
切斯提奥桥
0 200 m
0 0.1 miles
A
B
C
D
E
5
6
7
8
详细介绍请见
顶级景点 56页
景点 62页
就餐 65页
饮品 67页
娱乐 69页
购物 69页

景点

纳沃纳广场

广场

1 见60页地图，B3

纳沃纳广场风貌典雅，拥有华丽的喷泉和巴洛克式宅邸，还可以看见形形色色的街头艺人、商贩和游客，堪称罗马历史中心区的一张名片。这里曾经有一座**图密善体育场**（Stadio di Domiziano, Domitian's Stadium; ☎06 4568 6100; www.stadiodomiziano.com; Via di Tor Sanguigna 3; 成人/优惠 €8/6; ⏲周日至周五 10:00~19:00，周六 至20:00），建于公元1世纪，在15世纪时被铺上石砖成了一座广场，在之后近300年的时间里，罗马最重要的集市就在这里。广场的核心是由贝尔尼尼设计的**四河喷泉**（Fontana dei Quattro Fiumi, Fountain of the Four Rivers），喷泉张扬华耀，主体是一座埃及方尖碑，四周肌肉发达的神像分别代表尼罗河、恒河、多瑙河与普拉特河。（Piazza Navona; 🚌Corso del Rinascimento）

多利亚潘菲利宫画廊

画廊

2 见60页地图，E4

别看多利亚潘菲利宫（Palazzo Doria Pamphilj）外表脏兮兮、灰蒙蒙的，这个神奇的画廊所拥有的私人收藏却堪称罗马最丰富之一，拉斐尔、丁托列托（Tintoretto）、提香、卡拉瓦乔、贝尔尼尼和委拉斯开兹（Velázquez）的作品都能在这里见到，还有几位弗兰德斯画派大师的杰作。珍宝虽多，但头号明星还是非委拉斯开兹的《教皇英诺森十世肖像》莫属。作品完美传达了英诺森十世的铁面无情，连教皇本人当年看到这幅画时都抱怨"太过逼真"。画廊里还有一尊贝尔尼尼创作的英诺森十世雕塑，对比观之，更有趣味。（Galleria Doria Pamphilj; ☎06 679 73 23; www.doriapamphilj.it; Via del Corso 305; 成人/优惠 €12/8; ⏲9:00~19:00，18:00以后禁止进入; 🚌Via del Corso）

耶稣会教堂

教堂

3 见60页地图，D5

威严的耶稣会教堂是罗马耶稣会的总堂，也是反宗教改革运动时期建筑的典范，还是一个无与伦比的巴洛克艺术宝库。由乔凡尼·巴蒂斯塔·高里（Giovanni Battista Gaulli, 又名Il Baciccia）创作的拱顶壁画是教堂的珍宝之一。另一件珍宝是由安德烈·波佐（Andrea del Pozzo）为圣伊纳爵·罗耀拉（Ignatius Loyola）设计修建的华丽坟墓。圣伊纳爵本是西班牙的一位士兵，后于1540年创立了耶稣会，从1544年直至1556年逝世一直生活在这座教堂里。教堂主体建筑右侧有一座圣伊纳爵礼拜堂（Cappella di Sant' Ignazio），你可以去那里参观他曾经居住过的房间。（Chiesa del Gesù; ☎06 69 7001; www.chiesadelgesu.org; Piazza del Gesù; ⏲7:00~12:30和16:00~19:45，圣伊纳爵旧居房间 周一至周六 16:00~18:00，周日 10:00至正午; 🚌Largo di Torre Argentina）

IR STONE/SHUTTERSTOCK ©

耶稣会教堂内部

罗马国家博物馆阿尔腾普斯宫

博物馆

4 见60页地图，B2

阿尔腾普斯宫在纳沃纳广场北侧，是一座15世纪末修建的华美宅邸，现为罗马国家博物馆分馆，用以展示罗马国家博物馆众多古典雕塑藏品中的精品。17世纪时，红衣主教卢多维科·卢多维西（Cardinal Ludovico Ludovisi）收罗了大量古典雕塑，被称为“卢多维西收藏”，其中许多藏品在这里都能看到。（Museo Nazionale Romano：Palazzo Altemps；06 3996 7700；www.coopculture.it；Piazza Sant' Apollinare 44；成人/优惠 €7/3.50；周二至周日 9:00~19:45；Corso del Rinascimento）

法国圣路易教堂

教堂

5 见60页地图，C3

这座巴洛克风格的教堂富丽堂皇，自1589年至今一直都是罗马法裔居民礼拜的场所，收藏了卡拉瓦乔3幅著名画作：《圣马太蒙召》（*Vocazione di San Matteo*）、《圣马太殉难》（*Martirio di San Matteo*）以及《圣马太与天使》（*San Matteo e l'angelo*）。3幅作品统称“圣马太三部曲”（St Matthew cycle）。（Chiesa di San Luigi dei Francesi；Piazza di San Luigi dei Francesi 5；周一至周五 9:30~12:45和14:30~18:30，周六 9:30~12:15和14:30~18:45，周日 11:30~12:45和14:30~18:45；Corso del Rinascimento）

独家贴士

免费体验

历史中心区在罗马属于高消费地区，但省钱的办法也有很多。中心区的所有教堂都可以免费入内，欣赏里面米开朗琪罗、拉斐尔、卡拉瓦乔和贝尔尼尼等大师的杰作，一分钱也不用掏。区内有免费饮水泉，当地人称之为“大鼻子”（nasoni），去那里解渴也就省去了买瓶装水的钱。

密涅瓦神庙遗址上的圣玛丽亚教堂

宗座圣殿

6 见60页地图，D4

这座多明我会教堂是罗马唯一的哥特式教堂，原址上曾建过3座古罗马神庙，其中一座供奉的是女神密涅瓦。原教堂建于13世纪，可惜几乎没有留下任何遗迹。如今最吸引人的是教堂庄严肃穆、饰满艺术品的内部，以及一尊米开朗琪罗的“小作”。（Basilica di Santa Maria Sopra Minerva; www.santamariasopraminerva.it; Piazza della Minerva 42; 周一至周五 6:40~19:00，周六 6:40~12:30和15:30~19:00，周日 8:00~12:30和15:30~19:00; Largo di Torre Argentina）

圣奥古斯丁教堂

宗座圣殿

7 见60页地图，B2

一座文艺复兴时代早期教堂，建于15世纪，后于18世纪末进行了翻修，白色的建筑外表朴实无华，哪承想里面藏着极其精彩的艺术品。最著名的作品是卡拉瓦乔的《朝圣者的圣母》（*Madonna dei Pellegrini*），于左手边第一个礼拜堂中展示。此外还能欣赏到一幅由拉斐尔创作的壁画，以及一尊由雅各布·桑索维诺（Jacopo Sansovino）创作的雕塑。（Basilica di Sant' Agostino; Piazza di Sant' Agostino 80; 7:30至正午和16:00~19:30; Corso del Rinascimento）

法尔内塞宫

历史建筑

8 见60页地图，A5

法尔内塞宫现为法国大使馆，外观霸气逼人，是罗马文艺复兴时代宫殿宅邸中的典范，兴建于1514年，原来由小安东尼奥·达·桑加洛（Antonio da Sangallo the Younger）负责设计，后由米开朗琪罗接手，最终在贾克莫·德拉·波尔塔（Giacomo della Porta）手中竣工。内部有一系列由阿尼巴尔·卡拉奇（Annibale Carracci）与阿格斯提诺·卡拉奇（Agostino Carracci）创作的壁画，有人赞其艺术功力堪比米开朗琪罗在西斯廷教堂的壁画。卡拉奇展厅（Galleria dei Carracci）中的天花板壁画《众神之爱》（*Amori degli Dei*）可谓史诗之作，创作于1597~1608年，堪称法尔内塞宫的亮点。（Palazzo Farnese; www.inventerrome.com; Piazza Farnese; €9; 导览游 周一、周三和周五 15:00、16:00和17:00发团; Corso Vittorio Emanuele II）

就餐

Pianostrada

意式餐厅 €€

9 见60页地图，B7

老店开在以美食闻名的特拉斯特沃地区，现在搬到了河对岸，白色的外墙，环境时尚又可爱，值得强力推荐。店内装潢复古，有一个庭院，夏季非常漂亮。想弄到一张餐桌，一定要提前订位，否则就只能在吧台边找把椅子，然后一边吃饭，一边近距离欣赏师傅们表演厨艺。菜肴新颖创意，讲究应季，而且有许多素食可选，除了五花八门的主菜，还有精品单片三明治以及好吃到爆的自制佛卡夏面包（focaccia）。（☎06 8957 2296；Via delle Zoccolette 22；餐 €40；⏰周二至周五 13:00~16:00和19:00至午夜，周六和周日10:00至午夜；🚊Via Arenula）

Emma Pizzeria

比萨 €€

10 见60页地图，C6

这家时尚现代的比萨馆藏在圣卡罗教堂（Chiesa di San Carlo ai Catinari）后面。如果想要品尝香脆的比萨配舒爽的精酿啤酒（或者是从众多的葡萄酒选项中来一杯），这里是最合适的地方。店外设有露天座位，店内空间大，遍布艺术品装饰，极具特色。菜品除了应季木烤比萨，还有经典的罗马风味意面和主菜。（☎06 6476 0475；www.emmapizzeria.com；Via Monte della Farina 28-29；比萨 €8~18，主菜 €35；⏰12:30~15:00和19:00~23:30；🚊Via Arenula）

Forno Roscioli

比萨、面包房 €

11 见60页地图，B6

这家店是罗马顶级面包房之一，有可口的切片比萨，有一流的糕点，还有特能

当地生活

犹太区

罗马的**犹太区**（Jewish Ghetto；🚌Lungotevere de' Cenci）氛围浓郁，中心是热闹的Via Portico d' Ottavia，工艺坊、古着服装店、洁食面包房和人气意式小馆星罗棋布。

犹太区的历史可以追溯到公元前2世纪，是欧洲最古老的犹太人聚集区之一。最初在罗马生活的犹太人都是商人，但罗马人征讨朱迪亚（Judaea）地区，并在公元70年攻陷了耶路撒冷后，不少犹太奴隶也来到了这里。1555年，依据教皇保罗四世的法旨，罗马的犹太人不得擅离犹太区，这种对于犹太人的官方歧视断断续续地持续到了20世纪。讽刺的是，对罗马的犹太人活动自由的限制，反倒让他们得以将自身的文化与宗教完好地保留下来。

本区亮点是**马切罗剧场**（Teatro di Marcello，Theatre of Marcellus；Via del Teatro di Marcello；🚌Via del Teatro di Marcello），拥有2万个座位，仿佛一个小号的古罗马斗兽场，建成于公元前11年奥古斯都治下。

解饿的炸米丸子（supplì），备受当地人喜爱，午餐时间人头攒动。推荐玛格丽特比萨（pizza margherita），味道好得没话说，就是吃相会有些狼狈。店内另有一个柜台供应热腾腾的意面和蔬菜配菜。（☎06 686 4045；www.anticofornoroscioli.it；Via dei Chiavari 34；比萨 每片 €2起，小吃 €2；⊙周一至周六 6:00~20:00，周日 9:00~19:00；🚇Via Arenula）

La Ciambella

意大利菜 €€

12 见60页地图，D4

一家葡萄酒吧兼餐厅，地处核心区域，但还没被太多游客盯上，水平高于周边多数餐厅，而且待客友好。室内明亮宽敞，地板是透明的，可以看到下方的阿格利帕浴场（Terme di Agrippa）遗址。菜肴品质一流，鞑靼牛肉、鹰嘴豆煎饼、功夫牛肉和传统罗马风味意面都有。（☎06 683 2930；www.la-ciambella.it；Via dell' Arco della Ciambella 20；餐 €35~45；⊙周二至周日 酒吧 7:30至午夜，葡萄酒吧和餐厅 正午至23:00；🚇Largo di Torre Argentina）

Tiramisù Zum

甜品 €

13 见60页地图，B5

一家绝妙的甜品店，最适合在下午来这儿垫一口。特色是提拉米苏，里面加入了马斯卡彭奶酪和浸透着利口酒的手指饼干，此等组合天衣无缝，妙不可言。经典款提拉米苏上面撒着可可粉，但开心果、黑莓加树莓或是黑樱桃等几种口味同样诱人。（☎06 6830 7836；www.facebook.com/zumroma；Piazza del Teatro di Pompeo 20；甜品 €2.50~6；⊙周日至周四 11:00~23:30，周五和周六 至次日1:00；🚇Corso Vittorio Emanuele II）

Armando al Pantheon

罗马菜 €€

14 见60页地图，C3

餐厅内部采用木质装潢，烹饪恪守罗马菜传统，当地爱吃一族总会定期光顾。开业已有50余年，招待过不少社会名流，但并未因此骄傲懈怠，人气一如既往。一定要提前订位。（☎06 6880 3034；www.armandoalpantheon.it；Salita dei Crescenzi 31；餐 €40；⊙周一至周六 12:30~15:00和周一至周五 19:00~23:00；🚇Largo di Torre Argentina）

Gelateria del Teatro

意式冰激凌店 €

15 见60页地图，A2

水准出众，所有冰激凌皆为现场制作，透过窗户就可以看到制作过程。约有40种口味可选，原料可谓精挑细选，用的榛子产自皮埃蒙特（Piedmont）的朗格地区（Langhe），开心果产自西西里岛（Sicily）的布龙泰（Bronte）。（☎06 4547 4880；www.gelateriadelteatro.it；Via dei Coronari 65；意式冰激凌 €2.50~5；⊙冬季 10:30~20:00，夏季 10:00~22:30；🚇Via Zanardelli）

Forno di Campo de' Fiori

比萨、面包房 €

16 见60页地图，A5

面包房位于鲜花广场上，店面一分为二，生意兴隆，人气火爆，供应帕尼

VITO ARCOMANO/ALAMY STOCK PHOTO ©

Caffè Sant' Eustachio

尼三明治和美味的现烤比萨——按片销售（pizza al taglio）。那款“白比萨”（pizza bianca，调料包括橄榄油、迷迭香和盐）令无数食客顶礼膜拜，帕尼尼和“红比萨”（pizza rossa，调料包括橄榄油、番茄和牛至）也同样不赖。（www.fornocampodefiori.com；Campo de' Fiori 22；比萨 每片 约€3；⏲周一至周六 7:30~14:30和16:45~20:00，7月和8月周六晚餐歇业；🚌Corso Vittorio Emanuele II）

Casa Bleve 意式餐厅 €€€

17 见60页地图，C4

这家餐厅兼葡萄酒吧的内部石柱成排，屋顶是彩色玻璃，富丽如宫殿，让人叹为观止，来这里用一顿晚餐纪念特殊的日子再合适不过了。这儿的葡萄酒单可在罗马称最，还有高档精致的菜肴，包括创意开胃菜、时令意面以及经典意式主菜。（☎06 686 59 70；www.casableve.it；Via del Teatro Valle 48-49；餐 €55~70；⏲周一至周六 12:30~15:00和19:30~23:00；🚌Largo di Torre Argentina）

饮品

Barnum Cafe 咖啡馆

18 见60页地图，A4

轻松随意的氛围让人想到了《老友记》里的那间咖啡馆，一进门便让人顿感亲切。复古家具与白色砖墙营造出一种破败而又时尚的风格，大可以早餐时来一杯卡布奇诺，中午来吃顿简餐，或是下午到此小酌。晚上有不少穿着随意的人来此品尝这里美味的鸡尾酒。（06 6476 0483；www.barnumcafe.com；Via del Pellegrino 87；周一 9:00~22:00，周二至周六 至次日2:00；；Corso Vittorio Emanuele II）

Caffè Sant' Eustachio

咖啡

19 见60页地图，C4

这家小巧的咖啡馆朴实低调，但吧台那里的人却常常围的是里三层、外三层。他家的咖啡被许多人视为罗马第一。咖啡师会往刚做出来的几滴浓缩咖啡里面加几勺糖，打成泛着泡沫的糊，然后再往里面继续加咖啡。这样做出来的咖啡口感极其顺滑，喝过之后再去观光，肯定一身是劲儿。

这里还销售裹着巧克力的咖啡豆，同样值得一试。（www.santeustachioilcaffe.it；Piazza Sant' Eustachio 82；周日至周四 8:30至次日1:00，周五 至次日1:30，周六 至次日2:00；Corso del Rinascimento）

Roscioli Caffè

咖啡馆

20 见60页地图，C6

罗肖利（Roscioli）家族在罗马可谓"美食美饮"的代名词。他们经营的**熟食店**（06 687 5287；www.salumeriaroscioli.com；Via dei Giubbonari 21；餐 €55；周一至周六 12:30~16:00和19:00至午夜；Via Arenula）在罗马大名鼎鼎，面包房（见65页）也人气超高，这家咖啡馆同样不负众望。这里的咖啡香醇绝妙，油酥点心、花式小蛋糕（petits four）和帕尼尼三明治仿佛艺术品，色味双绝。（06 8916 5330；www.rosciolicaffe.com；Piazza Benedetto Cairoli 16；周一至周六 7:00~23:00，周日 8:00~18:00；Via Arenula）

Etablì

葡萄酒吧、咖啡馆

21 见60页地图，A3

田园时尚风格的Etablì在一栋16世纪的华丽宅邸内，既是休闲吧也是餐厅，可以早上来这儿喝杯咖啡，中午用顿简餐，或是边吃餐前小食边聊天。室内保留了宅邸当年的法式田园装潢——真皮扶手椅，粗犷的实木桌，还有一个噼啪作响的壁炉，环境赏心悦目，氛围悠闲自在。供应全套晚餐正餐（€45），偶尔还有现场音乐演出。（06 9761 6694；www.etabli.it；Vicolo delle Vacche 9a；咖啡馆 7:30~18:00，葡萄酒吧 18:00至次日1:00；；Corso del Rinascimento）

La Casa del Caffè Tazza d' Oro

咖啡

22 见60页地图，D3

罗马最佳咖啡店之一，生意很好，不设座椅，店内20世纪40年代的装潢华丽耀眼。他家的意式浓缩咖啡味道不俗，许多其他口味的咖啡也很好喝，那款搭配着发泡奶油的刨冰咖啡（granita di caffè）就是消暑佳品。咖啡店自带一个小商店，店外还有一台咖啡自动贩卖机，供非营业时间前来的人解瘾。（06 678 9792；www.tazzadorocoffeeshop.com；Via degli

Orfani 84-86；⏲周一至周六 7:00~20:00，周日 10:30~19:30；🚌Via del Corso）

Gin Corner　　鸡尾酒吧

23 🍷 见60页地图，C1

这个时尚的酒吧开在Hotel Adriano里面。葡萄酒？没有。精酿啤酒？不卖。人家玩的是一招鲜，专攻金酒。简简单单的金汤力被提升到了艺术的高度，口味不下十种，马天尼的调制也非常讲究。如果金酒不是你的菜，也可以让酒保用其他烈酒为你调制鸡尾酒。（☎06 6880 2452；www.facebook.com/thegincorner；Via Pallacorda 2, Hotel Adriano；⏲18:00至午夜；🚌Via di Monte Brianzo）

娱乐

Teatro Argentina　　剧院

24 ⭐ 见60页地图，C5

罗马首屈一指的剧院，创立于1732年，是罗马剧团（Teatro di Roma）两个主演出场馆之一，另一个是罗马南郊的**Teatro India**（☎06 68400 0311；www.teatrodiroma.net；Lungotevere Vittorio Gassman 1；Ⓜ Stazione Trastevere）。1816年，罗西尼的《塞维利亚的理发师》（*Barber of Seville*）就在此处首演。今天，剧院演出活动种类繁多，包括话剧（大多数为意大利语）、知名舞蹈演出以及古典音乐会。（☎06 68400 0311；www.teatrodiroma.net；Largo di Torre Argentina 52；演出票€12~32；🚌Largo di Torre Argentina）

购物

Confetteria Moriondo & Gariglio　　巧克力

25 🔒 见60页地图，D4

这家巧克力店历史非常悠久，当年由都灵的糖果师创立，专供萨伏伊王朝的皇室成员享用。生于罗马的意大利诗人特里鲁萨（Trilussa）曾经光顾，被迷得五体投地，将其写进了诗中。我们来这里，果真如获至宝。店内墙壁、桌子和玻璃壁橱都是深红色，装潢得像一间优雅的茶室。

当地生活

鲜花广场

鲜花广场（Campo de' Fiori；见60页地图，B5；🚌Corso Vittorio Emanuele II）喧嚣热闹，多姿多彩，是展示当地人生活的主要窗口。白天，广场上是一片**市场**（⏲周一至周六 7:00~14:00），名气在罗马数一数二；晚上，周边众多酒吧和餐馆都会把座位摆到广场上，人们在此开怀畅饮。曾经有几百年里，鲜花广场一直是公开的刑场。1600年，哲学家乔尔丹诺·布鲁诺（Giordano Bruno）就因为"异端邪说"在这里被活活烧死。布鲁诺受刑的地方，现在立有一尊布鲁诺雕像，由埃托勒·费拉里（Ettore Ferrari）创作于1889年，身穿修士袍，头戴兜帽，散发着阴暗的气息。

美味的手工巧克力尤其出色，许多都沿用了19世纪时的古法制作而成。（☎06 699 0856; Via del Piè di Marmo 21-22; ⏰周一至周六 9:00~19:30; 🚌Via del Corso）

Ibiz – Artigianato in Cuoio

时装和饰品

26 🛍 见60页地图，B6

一家家族服装饰品店，店面超小，商品都是老板娘爱莉萨·内皮（Elisa Nepi）和她的团队手工制作的，有软如油脂的皮制钱夹、包、腰带和凉鞋，设计简约大气，颜色丰富。一条皮带大约€35，皮包€110起。（☎06 6830 7297; www.ibizroma.it; Via dei Chiavari 39; ⏰周一至周六 9:30~19:30; 🚌Corso Vittorio Emanuele II）

Marta Ray

鞋

27 🛍 见60页地图，A2

新兴品牌Marta Ray主打平底女鞋和优雅的日用包具，色彩多样，皮质柔软。全城共有3家店，在这家店里，你可以买到该品牌各种款式的平底鞋，以及颜色各异、设计精美的时尚手包。（☎06 6880 2641; www.martaray.it; Via dei Coronari 121; ⏰10:00~20:00; 🚌Via Zanardelli）

Bartolucci

玩具

28 🛍 见60页地图，D3

这家玩具店的所有商品都是用木头打造的，魔力难挡。正门旁边有一个匹诺曹木偶，正机械地蹬着自行车——停在附近的那辆全尺寸摩托车想必让他垂涎不已。店内摆放着五花八门的木钟、木马和木飞机，匹诺曹木偶更是不计其数，估计你一辈子也没见过这么多。（www.bartolucci.com; Via dei Pastini 98; ⏰10:00~22:30; 🚌Via del Corso）

Salumeria Roscioli

食品和饮料

29 🛍 见60页地图，B6

一家顶级熟食店，在罗马首屈一指，腌肉、奶酪、蜜饯、橄榄油和香醋的味道混杂起来，浓香逼人。除了经典意式熟食，这里还有许多葡萄酒可选，也能买到多款法国奶酪、西班牙火腿和苏格兰熏三文鱼。（☎06 687 5287; www.salumeriaroscioli.com; Via dei Giubbonari 21; ⏰周一至周六 8:30~20:30; 🚋Via Arenula）

namasTèy

茶叶

30 🛍 见60页地图，C4

逛过这家充满魅力的茶店后，每次喝茶都会勾起你对这里的怀念。货架一直顶到了天花板，上面摆着一排排茶罐，看起来像是一家药房。这里的货品来自世界各地，茶壶、茶杯、网漏、滤网等茶具也应有尽有，还有咖啡和小点心。（☎06 6813 5660; www.namastey.it; Via della Palombella 26; ⏰周二至周六 10:30~19:30，周日 11:30~19:30，8月歇业; 🚌Largo di Torre Argentina）

了解当地

罗马建筑年代表

约公元前4世纪至公元5世纪 古罗马人在工程技术方面取得了长足的进步，除了恢宏的公共建筑、桥梁、引水渠和住宅，还在地下修建了一套排水系统。

4~12世纪 进入中世纪，罗马早期的皇帝们皈依基督教，为了在罗马城留下自己威权的烙印，他们开始兴修教堂。

15~16世纪 在16世纪前20年，崇尚人本主义，重新评价古典思想的文艺复兴运动进入高潮，史称"文艺复兴盛期"。

17世纪 作为反宗教改革运动的衍生品，巴洛克教堂在罗马四处开花，这一方面依靠的是财大气粗的教会，另一方面则依赖于才华横溢的建筑家，尤其是贝尔尼尼和博罗米尼这对"绝代双骄"。

18世纪 张扬华丽的洛可可风格由巴洛克风格演变而来，流行时间不长，但罗马今天不少最热门的景点都属此类。

18世纪末至19世纪 今天的人民广场逐渐成形，托洛尼亚别墅（Villa Torlonia）也进行了全面翻修，这都要感谢罗马顶尖的新古典主义建筑师朱塞佩·瓦拉迪埃（Giuseppe Valadier）。

19世纪末 意大利统一后，罗马开始大兴土木：建公路，铺广场，还给政府官僚们修建了大片的住宅区。

20世纪初 墨索里尼希望把罗马打造成一个无所畏惧、先锋未来的城市，在20世纪重新成为"世界之都"，此时兴起的理性主义建筑结构结实，造型现代，正迎合了这一愿景。

20世纪90年代至今 古老的罗马成了世界当代顶级建筑师的舞台，他们那些极具实验性的作品常常毁誉参半。

探索

特里同

特里同（Tridente）位于罗马的中心，光彩照人，气质不俗，游人如织，以西班牙广场与人民广场为界，街巷密集如网，其间点缀着名牌店、潮吧、时髦酒店和几家古老的咖啡馆与意式小馆。

一日游行程

先去**Antico Caffè Greco**（见80页）吃早餐，那里可是昔日浪漫主义诗人的“避风塘”。随后去参观**西班牙大台阶和西班牙广场**（见74页）。登上大台阶即是**山上天主圣三教堂**（见75页），脚下美景便是辛苦的回报。之后顺道拜访**平西欧山花园**（见78页）和**美第奇别墅**（见78页）。

走下大台阶，去**Pastificio**（见79页）来份意面，然后探索迷人的**马尔古塔街**（见79页）——费德里科·费里尼曾经就生活在那里。沿街前往气派的**人民广场**（见77页）以及艺术殿堂**波波洛圣玛丽亚教堂**（见77页）。下一站去**和平祭坛博物馆**（见78页）欣赏古老的石艺，随后去商铺云集的Via del Corso、**孔多蒂街**（见82页；左图）和Via del Babuino这3条街上过过血拼瘾，其间别忘了去**Pompi**（见80页）尝尝提拉米苏。

晚上先到**Il Palazzetto**（见81页）小酌一番，再去**Fiaschetteria Beltramme**（见78页）吃晚餐，最后到**Stravinskij Bar**（见82页）与名流一同品味鸡尾酒，结束一天的旅行。

顶级景点

西班牙大台阶和西班牙广场（见74页）

罗马最佳

历史

波波洛圣玛丽亚教堂（见77页）

饮食

Imàgo（见79页）

Fatamorgana Corso（见80页）

酒吧和夜生活

Zuma Bar（见81页）

建筑

和平祭坛博物馆（见78页）

购物

Re(f)use（见82页）

Gente（见83页）

Manila Grace（见83页）

到达和离开

地铁 地铁A线上的Spagna站与Flaminio站是游览特里同地区最便捷的选择。

公交车 多趟公交车在Via del Corso南端以及Via del Tritone沿线设站，下车就能进入特里同。

顶级景点
西班牙大台阶和西班牙广场

在西班牙大台阶（也叫山上天主圣三教堂大台阶）上俯瞰西班牙广场，自18世纪便是热门景点，到处都是自拍的游客和摆造型的新婚夫妻，堪称头号“打望胜地”。18世纪末，踏上“大游学”（the Grand Tour）之旅的英国人特别喜欢来这里，因而当地人戏称这里为“英国贫民区”（ghetto de l’inglesi）。

见76页地图，D4

M Spagna

西班牙大台阶面前的破船喷泉

西班牙大台阶

法国人1725年出资建造的这135级耀眼的台阶由弗朗切斯科·德·桑克蒂斯(Francesco de Sanctis)设计，通往山顶的山上天主圣三堂。珠宝品牌宝格丽出资€150万翻修了大台阶，壮观夺目的气象再现眼前。

济慈-雪莱纪念馆

大台阶脚下是**济慈-雪莱纪念馆**(Keats-Shelley House; ☎06 678 42 35; www.keats-shelley-house.org; Piazza di Spagna 26; 成人/优惠 €5/4; ⏰周一至周六10:00~13:00和14:00~18:00; Ⓜ Spagna)。1820年，诗人济慈来到罗马养病，在西班牙大台阶旁边的这栋联排房里租下了三层的两个房间，与画家约瑟夫·塞文(Joseph Severn; 1793~1879年)一起住了进来。1821年2月，济慈在这里因肺结核去世，年仅25岁。

山上天主圣三教堂

山上天主圣三教堂(Chiesa della Trinità dei Monti; 见76页地图; ☎06 679 41 79; Piazza Trinità dei Monti 3; ⏰周二至周五 7:30~20:00，周六和周日 10:00~17:00; Ⓜ Spagna)是广场上的地标，由法国国王路易十二下旨修建，于1585年正式开放。教堂门前可以俯瞰罗马美景，教堂内还有多幅丹尼尔·达·伏尔特拉(Daniele da Volterra)创作的精彩壁画，特别留意左手边第二间礼拜堂里的那幅《下十字架》(*Deposizione*)。

破船喷泉

破船喷泉(Fontana della Barcaccia; 1627年)位于大台阶脚下，据说由佩德罗·贝尔尼尼(Pietro Bernini)设计而成。喷泉中的水来自古罗马少女引水渠(Acqua Vergine)，由于此处水压不大，难成喷涌之势，于是设计者想出了这个“沉船漏水”的造型。

☑ 独家贴士

- 在这条精心修复过的大台阶上，千万不要吃东西、喝饮料或是喧哗吵闹，违者将被处以€25~500的罚款。
- 每年3月底或4月初，大台阶上会举行热闹的春季杜鹃花展(Mostra delle Azalee)，台阶两旁会摆上数百瓶亮粉色的杜鹃花，那是拍照的最佳时间。
- 不想爬那135级台阶，可以从Spagna地铁站内乘坐电梯直接到达台阶顶部。

吃喝落脚点

西班牙大台阶脚下的Babington's Tea Rooms(见82页)是家19世纪的老店，当年“大游学”的英国人便喜欢光顾那里，你不妨效仿先贤，到那里享受下午茶。

Il Palazzetto(见81页)鸡尾酒吧的露台位置绝妙，在那里欣赏整条台阶的夕阳美景再合适不过了。

详细介绍请见
顶级景点 74页
景点 77页
就餐 78页
饮品 80页
购物 82页
Basilica di Santa Maria del Popolo
波波洛圣玛丽亚教堂
Piazza del Popolo
人民广场
Pincio Hill Gardens
平西欧山花园
Pincio Hill
平西欧山
Villa Medici
美第奇别墅
Museo dell'Ara Pacis
和平祭坛博物馆
Spanish Steps & Piazza di Spagna
西班牙大台阶和西班牙广场
Chiesa di Santa Maria in Montesanto
圣山圣玛丽亚教堂
Chiesa di Santa Maria dei Miracoli
奇迹圣玛丽亚教堂
TRIDENTE
特里同
CAMPO MARZIO
COLONNA
Via Margutta 马尔古塔街
Piazza di San Lorenzo in Lucina
卢奇娜的圣洛伦佐广场
Flaminio
Spagna
Via Luisa di Savoia
Via Ferdinando di Savoia
Piazzale Napoleone I
Viale dell'Obelisco
Viale D'Annunzio
Viale di Villa Medici
Viale del Muro Torto
Viale Trinità dei Monti
Via Angelo Brunetti
Via del Vantaggio
Via di Ripetta
Via Laurina
Via Gesù e Maria
Via di San Giacomo
Via del Babuino
Via Canova
Via dei Greci
Via del Corso
Via della Frezza
Via Vittoria
Via Alibert
Via della Croce
Via delle Carrozze
Via Belsiana
Via Bocca di Leone
Via Mario de' Fiori
Via dei Condotti
Via Borgognona
Via Frattina
Via della Vite
Via delle Mercede
Via del Gambero
Via Tomacelli
Via dell' Arancio
Piazza Monte d'Oro
Largo della Fontanella di Borghese
Via della F Borghese
Via del Leoncino
Lgt in Augusta
Piazza Augusto Imperatore
Largo degli Schiavoni
Largo San Rocco
Via del Clementino
Via della Lupa
Via della Scrofa
Via dei Prefetti
Via in Lucina
Piazza del Parlamento
Piazza di San Silvestro
Piazza Mignanelli
Via dei Due Macelli
Via P Clotilde

人民广场

景点

人民广场

广场

1 见76页地图，A1

这片光彩夺目的广场设计建造于1538年，紧挨着罗马当年的北大门。广场经过数次翻修重建，最近的一次是在1823年，当时主持设计工作的是朱塞佩·瓦拉迪埃（Giuseppe Valadier）。广场南边的入口立有两座17世纪的教堂，一个是**奇迹圣玛丽亚教堂**（Chiesa di Santa Maria dei Miracoli；见76页地图；Via del Corso 528；⏲周一至周六 6:45~12:30和16:30~19:30，周日 8:00~13:15和16:30~19:45），另一个是**圣山圣玛丽亚教堂**（Chiesa di Santa Maria in Montesanto, Chiesa degli Artisti；见76页地图；www.chiesadegliartisti.it；Via del Babuino 198；⏲周一至周五 17:30~20:00，周日 11:00~13:30），都是卡洛·伦纳迪（Carlo Rainaldi）的手笔。广场中央有一座36米高的方尖碑，是奥古斯都皇帝从古埃及运过来的，原立于马西莫竞技场，后来被搬到了这里。（Piazza del Popolo；Ⓜ Flaminio）

波波洛圣玛丽亚教堂

宗座圣殿

2 见76页地图，A1

这是罗马历史最久、最华丽的文艺复兴时期教堂之一，也是让人叹为观止的艺术宝库。在此展出的众多艺术杰作之中，卡拉瓦乔的《圣保罗的皈依》（*Conversion of Saul*；1601年）与《圣彼得殉难》（*Crucifixion of St Peter*；1601年）最吸引眼球，两幅作品都在主圣坛左边的礼拜堂中。其他的艺术珍品同样不容错过，包括平图里乔（Pinturicchio）和贝尔尼尼的几件作品。（Basilica di Santa Maria del Popolo；www.smariadelpopolo.com；Piazza del Popolo 12；⏲周一至周四 10:30~12:30和16:00~18:30，周五和周六 10:30~18:30，周日 16:30~18:30；Ⓜ Flaminio）

美第奇别墅 宫殿

3 见76页地图，D2

这座穷奢极欲的文艺复兴时代宫殿本是1540年为红衣主教里奇·达·蒙特普尔恰诺（Cardinal Ricci da Montepulciano）修建的，但1576年，费尔迪南多·德·美第奇（Ferdinando dei Medici）将其购入，此后一直是美第奇家族的财产，到1801年又被拿破仑拿下，成了法兰西艺术学院（French Academy）。游客如今可以参加导览游欣赏别墅中美妙的景观花园和主教当年的彩绘寝宫，并俯瞰美不胜收的罗马城。英语导览游正午发团。留心观察别墅的墙壁，上面镶嵌的古罗马雕塑碎片都是和平祭坛上的真品。（Villa Medici；☎06 676 13 11；www.villamedici.it；Viale Trinità dei Monti 1；1.5小时导览游 成人/优惠 €12/6；⏲周二至周日 10:00~19:00；Ⓜ Spagna）

平西欧山花园 花园

4 见76页地图，B1

平西欧山（Pincio Hill）傲视人民广场，因这一带在公元4世纪时为平齐（Pinci）家族所有而得名，山上有多座建于19世纪的花园。从人民广场爬上来虽然辛苦，但在山顶上能收获圣彼得大教堂与贾尼科罗山的美景。不想爬山的话，也可以从西班牙大台阶顶部直接登顶参观。波格赛别墅、美第奇别墅和山上天主圣三教堂（见75页）也都在大台阶上方，可顺道参观。（Pincio Hill Gardens；Ⓜ Flaminio）

和平祭坛博物馆 博物馆

5 见76页地图，A4

这家博物馆是“二战”后第一座在罗马历史中心区诞生的现代建筑，由理查德·迈耶（Richard Meier）负责设计，由玻璃和大理石构成的亭台式外观备受争议，广受诟病。安放于博物馆内的和平祭坛（Ara Pacis Augustae）由奥古斯都皇帝下令修建，于公元前13年建成，长11.6米，宽10.6米，高3.6米，是古罗马最重要的雕塑作品之一。（Museo dell'Ara Pacis；☎06 06 08；www.arapacis.it；Lungotevere in Auga；成人/优惠 €11/9；⏲周一至周六 9:30~19:30；Ⓜ Flaminio）

就餐

Fiaschetteria Beltramme 意式小馆 €€

6 见76页地图，B4

这家热门店铺开在西班牙大台阶附近，店面极小，装修老派，菜式很少，却是享用地道罗马菜的绝佳之选。小店开业于1886年，店名中“fiaschetteria”一词指的是意大利那种只卖酒、不卖饭的小酒馆，在20世纪30年代的时候，这里的一名服务员突发奇想，开始提供饭菜，于是小店开始转型，菜谱至今未变，吸引了许多潮流吃货。想吃最正宗的卡布纳拉意面（carbonara）吗？来这儿错不了。（☎06 6979 7200；Via della Croce 39；餐 €40；⏰12:15~15:00和19:30~22:45；Ⓜ Spagna）

Imàgo

意大利菜 €€€

7 见76页地图，D4

这是一家开在Hassler Hotel天台上的米其林星级餐厅，眼前的美景哪怕是在以美景著称的罗马也十分难得，越过脚下屋顶的海洋，一直可以望见圣保罗大教堂的穹顶。角落的座位可以看到最棒的景色。大厨弗朗切斯科·阿普里达（Francesco Apreda）烹制的新派意大利菜不守陈规，味道之美不输风景。（☎06 6993 4726；www.imagorestaurant.com；Piazza della Trinità dei Monti 6, Hotel Hassler；品味套餐 €120~150；⏰2月至12月 19:00~22:30；✍；Ⓜ Spagna）

Ginger

啤酒馆 €€

8 见76页地图，C4

邻近西班牙大台阶，店内铺着白瓷砖，人气火爆，饭菜全天供应，主打有机“慢食”，选用经欧盟原产地名称保护（AOP）的应季食材，菜单丰富，包括精品法棍三明治、餐厅自创的“蒸菜篮”、正餐沙拉，橘子蛋黄酱三文鱼等健康的主菜。（☎06 9603 6390；www.ginger.roma.it；Via Borgognona 43；三明治 €7~10，沙拉 €9~14，餐 €50；⏰10:00~23:30；Ⓜ Spagna）

Pastificio

快餐 €

9 见76页地图，C3

一家老字号快餐意面馆（1918年开业），非常经济实惠，只在午餐时间供应两种意面，都是“现做的”（注意，在意大利，“现做”的概念与其他地方不同，煮好后搁置很久的意面也叫现做的，价格含酒水。店内的货架上摆满了一包包的干意面，你可以在里面站着吃，也可以打包带走。（Via della Croce 8；意面加酒水 €4；⏰周一至周六 13:00~15:00；Ⓜ Spagna）

当地生活

马尔古塔街

马尔古塔街（Via Margutta；见76页地图，C2；Ⓜ Spagna）是一条鹅卵石铺就的步行小巷，两边有不少小型独立古玩店、画廊和精品店，蔓藤盘绕的古宅和装饰盆栽不时可见，还有一座又大又怪的喷泉。“马尔古塔”本是16世纪时一个以理发为业的家族，但长久以来，这条街道却与艺术有着不解之缘：54号的那间画廊曾是毕加索工作的地方，1917年，这里举行了意大利未来主义艺术家首次会议；51号则是电影《罗马假日》（1953年）中奥黛丽·赫本与格里高利·派克甜蜜私语的地方。

Il Margutta

素食 €€

10 见76页地图，B2

美术馆、酒吧、餐厅三合一，高端时尚，不限量自助非常划算，午餐时间挤满了当地人。所有食材都是有机的，晚间套餐菜肴很有创意，比如豆腐配泡姜和熏块茎，或是烤菊苣配杏仁奶油和蜜橘。另有多种品味套餐，包括一款严格素食套餐。(06 3265 0577; www.ilmargutta.bio; Via Margutta 118; 午餐自助 工作日/周末 €15/25，餐 €15~40; 8:30~23:30; ; M Spagna, Flaminio)

Pompi

甜品 €

11 见76页地图，C3

这家的提拉米苏在罗马最出名，浓香似蛋黄，松软如空气。除了经典款，也有开心果、草莓、榛子和香蕉巧克力等多种口味。你可以选择当场解决（无座），也可以打包能保存几小时的冷冻提拉米苏。(www.barpompi.it; Via della Croce 82; 提拉米苏 €4; 10:30~21:30; M Spagna)

Babette

意大利菜 €€€

12 见76页地图，B2

这儿的老板是一对姐妹，曾经办过时尚杂志，给餐厅搞室内设计自然手到擒来，裸露的砖墙再加上复古的绘画很有情调。花样繁多的意大利菜中创造性地融入了法餐元素。可以点一份螺旋意面配小胡瓜、藏红花和开心果青酱(tortiglioni with courgette, saffron and pistachio pesto)，再来一份杜松子酱兔里脊(rabbit loin in juniper sauce)，甜点就选店家特色的torta Babette（一种松软的柠檬奶酪蛋糕）。(06 321 15 59; www.babetteristorante.it; Via Margutta 1d; 餐 €50; 周二至周日 13:00~15:00和19:00~22:45，1月歇业; ; M Spagna, Flaminio)

Fatamorgana Corso

意式冰激凌店 €

13 见76页地图，B2

这家的冰激凌讲究纯天然、无麦麸，在罗马称得起第一，只选用品质最高的应季原料，除了经典口味，也有梨、焦糖味等创意新品。城中另有几家分店。(06 3265 2238; www.gelateriafatamorgana.com; Via Laurina 10; 2/3/4/5个冰激凌球 €2.50/3.50/4.50/5; 正午至23:00; M Flaminio)

饮品

Antico Caffè Greco

咖啡馆

14 见76页地图，C4

罗马最古老的咖啡馆，开业于1760年，今天仍然风姿绰约，典雅至极：男招待一身黑色燕尾服配领结，女招待一身褶边儿白围裙，猩红的植绒墙面上挂着沧桑的镀金镜子。历史如此悠久，价格自然不菲：一杯卡布奇诺，坐下喝要€9，当地人大多选择站在吧台那里喝，只要€2.50。(06 679 17 00; Via dei Condotti 86; 9:00~21:00; M Spagna)

Antico Caffè Greco

Il Palazzetto 咖啡馆、鸡尾酒吧

15 见76页地图，D3

坐在露台上打量熙来攘往的西班牙大台阶，品尝着调制精妙的鸡尾酒(€10~13)，没有哪家的露台能让你感觉如此美妙。狭窄的Via dei Bottino上有一个不太起眼的入口，进来乘坐电梯上楼即是，大台阶顶上也有楼梯通往酒吧。因为是一家露天酒吧，所以只在天气温暖晴朗时才开放。(☎06 6993 41000; Viccolo del Bottino 8; ⏰周二至周日 正午至20:30，下雨时歇业; Ⓜ Spagna)

Zuma Bar 鸡尾酒吧

16 见76页地图，B4

酒吧开在奢侈品品牌芬迪(Fendi)罗马旗舰店Palazzo Fendi的天台上，城中少有鸡尾酒吧能这么高端时尚，来这儿得先好好打扮一番。脚下的罗马城景象自然华美，紫苏杜松子、接骨木花和普洛塞克酒等口味的鸡尾酒融入了大胆的创意，周末还有驻场DJ在此演出。(☎06 9926 6622; www.zumarestaurant.com; Via della Fontanella di Borghese 48, Palazzo Fendi; ⏰周日至周四 18:00至次日1:00，周五和周六至次日2:00; 📶; 🚌Via del Corso)

Caffè Ciampini 咖啡馆

17 见76页地图，D3

从西班牙大台阶顶部往平西欧山花园方向走不远即到。咖啡馆位置隐蔽，有一种旧日花园派对的优雅氛围，桌上铺着

白桌布，周围是绿色的木格栅和橘树。眼前是西班牙广场背街小巷的可爱景色。这家的意式冰激凌非常有名，松露巧克力口味（tartufo al cioccolato）尤其值得推荐。也供应食物。（☎06 678 56 78; www.caffeciampini.com; Viale Trinità dei Monti; ⏲3月至10月 8:00~23:00; Ⓜ Spagna）

Stravinskij Bar

酒吧

18 见76页地图，B2

住不起名流云集的Hotel de Russie酒店？那就奢侈一小把，去酒店时尚的酒吧里喝一杯。室内有沙发，但日光庭院设有遮阳餐桌，面前是层层落落的花园，在那里小酌更棒。酒吧把意大利人的乐活态度和浪漫体现得淋漓尽致，特别适合来此点一杯鸡尾酒或是啤酒（不便宜），再享用些酒吧小吃（同样不便宜）。（☎06 3288 8874; Via del Babuino 9, Hotel de Russie; ⏲9:00至次日1:00; Ⓜ Flaminio）

> 当地生活
>
> ### 孔多蒂街
>
> **孔多蒂街**（Via dei Condotti; 见76页地图，B4; Ⓜ Spagna）是罗马最时尚的购物街，不管你是想走进店内疯狂扫货，还是隔着橱窗做美梦，都不该错过这里。东端的咖啡馆Antico Caffè Greco（见80页）在18世纪、19世纪时是作家们钟爱的聚会地点。Via Frattina、Via della Croce、Via delle Carrozze和Via del Babuino也都是在特里同名列前茅的购物街。

Babington's Tea Rooms

咖啡馆

19 见76页地图，D4

1893年，这里的人想喝茶只能去药房里买，两位英国女士希望英国游客在罗马也能像模像样地品茶，于是便创立了这家Babington's Tea Rooms。直到今天，英伦食物仍然是这里的特色和卖点，比如传统的奶油茶点（cream tea; 不是茶，是一套茶点）、司康饼、松饼、果馅茶饼（teacake）、精致的手指三明治以及“不炸不欢”的英式早餐，等等。（☎06 678 08 46; www.babingtons.com; Piazza di Spagna 23; ⏲10:00~21:15; Ⓜ Spagna）

购物

Re(f)use

设计品

20 见76页地图，B4

这家专营Carmina Campus品牌，以包和首饰为主。该品牌所有单品都讲究废物利用，变废为宝，创始人伊拉莉亚·范图里尼·芬迪（Ilaria Venturini Fendi）来自大名鼎鼎的芬迪家族。这位生于罗马的设计师是“生态时尚”（ethical fashion，或称sustainable fashion）理念拥护者，能把啤酒罐、饮料罐打造成时尚的手镯，能将废旧材料设计成先锋大胆的包具。（☎06 6813 6975; www.carminacampus.com; Via della Fontanelle di Borghese 40; ⏲11:00~19:00; 🚇Via del Corso）

Gente

时装和饰品

21 见76页地图，C3

这是罗马首家将意大利、法国等地的奢侈品品牌"一网打尽"的时尚百货商场。偌大的商场内，D&G、Prada、Alexander McQueen、Sergio Rossi 和Missoni等大牌全能找到。

最近闪亮登场的**Via Frattini街分店**（☎06 678 91 32；Via Frattini 93；🚌Via del Corso）专门接待女性顾客。（☎06 320 7671；www.genteroma.com；Via del Babuino 77；⏰周一至周四 10:30~19:30，周五和周六至20:00，周日 11:30~19:30；Ⓜ Spagna）

Manila Grace

时装和饰品

22 见76页地图，C5

Manila Grace是时尚人士绝不该错过的本土女装品牌。该品牌服饰在印花、图案和面料方面的选择十分大胆，风格独特抢眼，散发着强烈的自信感。不妨考虑鞋尖儿上顶着粉紫色穗球的红色细高跟鞋、条纹夹克，或是传统鞣革饰边的亮金包包。所有这些都出自才华横溢的设计师艾莉莎·桑提（Alessia Santi）之手。（☎06 679 78 36；www.manilagrace.com；Via Frattina 60；⏰10:00~19:30；Ⓜ Spagna）

Artisanal Cornucopia

设计品

23 见76页地图，A2

Via dell' Oca上有几家时尚的独立精品店，其中的这家属于走高端路线的概念店，店内所有商品都由意大利设计师手工打造：Anthony Peto的帽子摆了满满一箱子，罗马设计师Vincenzo Del Pizzo设计的仿雕塑灯具风格大胆，Giulia Barela设计的金项链等珠宝首饰也极尽精致。包具、鞋、蜡烛、家居用品等手工制品也都非常可爱。（☎342 871 4597；www.artisanalcornucopia.com；Via dell' Oca 38a；⏰10:00~19:00；Ⓜ Flaminio）

Flumen Profumi

香水

24 见76页地图，B4

这家香水坊开在特里同最时尚的购物街上，专攻别处没有的"罗马制造"。制作的全天然香水以精油为底，每款有4~8种基调，能闻出意大利特有的乐活精神。那款"Incantro"融合了石榴与白花的味道，而"Ritrovarsi Ancora"则是怀旧的气息，让你想起坐在乡间的餐桌旁悠闲懒散地和家人聚餐的时光（里面可以闻出无花果的味道！）。（☎06 6830 7635；www.flumenprofumi.com；Via della Fontanella di Borghese 41；⏰周一至周六 11:00~14:00和15:30~20:00，周日 11:00~14:00和15:00~19:30；🚌Via del Corso）

Anglo American Bookshop

书籍

25 见76页地图，D5

书店书目齐全，名气很大，大学参考书尤其多。文学作品、旅行指南、儿童图书和地图都非常丰富，找不到心仪的书，还可以通过店家代购。（☎06 679 52 22；www.aab.it；Via della Vite 102；⏰周一 15:30~19:30，周二至周六 10:30~19:30；Ⓜ Spagna）

探索

特雷维和奎里纳尔

奎里纳尔（Quirinale）山一带拥有非凡的特雷维喷泉和霸气的奎里纳尔宫，罗马巴洛克建筑“绝代双骄”贝尔尼尼和博罗米尼也在这里设计建造了几座重要的教堂。众多画廊还让这里成了一个艺术胜地。奎里纳尔宫傲视八方，威严肃穆，日落时于此眺望罗马天际线，景象壮观。

一日游行程

这一天先去气派的**奎里纳尔宫**（见89页），随后到**科隆纳宫画廊**（见89页）参观丰富的私人艺术品收藏，接下来赶奔**特雷维喷泉**（见86页）抛个硬币，确保有生之年可以重回罗马，然后到**Colline Emiliane**（见92页）吃午餐。

酒足饭饱之后去**巴贝里尼宫**（见90页）。那是罗马最伟大的贵族宅邸之一，现在是一家卓绝的艺术馆，在里面可以感受到巴洛克艺术的奢华与文艺复兴时代的智慧。下一站是罗马最诡异的景点——**方济会修道院**（见91页），那里的多间墓穴礼拜堂完全是用人骨打造的。不过，去Pepy's Bar（见93页）喝上一杯，恐怖的感觉便会烟消云散。

晚上去**Vineria Il Chianti**（见92页）享用一顿托斯卡纳大餐，再去Gregory's Jazz Club（见94页）边喝威士忌边听音乐。

顶级景点

特雷维喷泉（见86页）

罗马最佳

历史

特雷维喷泉（见86页）

饮食

Colline Emiliane（见92页）

文化

Gregory's Jazz Club（见94页）

到达和离开

地铁 A线Barberini站距离特雷维和奎里纳尔地区最近。

公交车 多趟公交车在Piazza Barberini和Via Veneto沿线停靠。

顶级景点

特雷维喷泉

位于特里同的特雷维喷泉(Trevi Fountain, 即许愿池)是罗马最出名的喷泉。喷泉造型张扬华丽, 将巴洛克建筑风格展现得淋漓尽致, 泛着水沫的白色大理石与碧玉般的池水几乎占据了整片广场。喷泉宽20米, 高26米, 由尼古拉·萨尔维(Nicola Salvi)设计建造于1732年, 海神俄刻阿诺斯站在由护卫驾驶的战车上, 战车由两匹海洋神马牵引着, 一匹狂野, 一匹温顺, 象征着大海的两面性。

见88页地图, B3

Piazza di Trevi

M Barberini

夜晚的特雷维喷泉在优美的灯光和安静环境中显得尤为美丽

少女引水渠

喷泉的水来自少女引水渠（Aqua Virgo）。这条地下引水渠至今已有2000多年的历史，由古罗马将军阿格里巴（Agrippa）于奥古斯都皇帝治下修建而成，将19公里外的Salone泉的天然泉水引到城中。“特雷维”意为“三条路”（tre vie），之所以有这样一个名字，是因为喷泉所在处恰好是三条道路的交会点。

水瓮逸事

喷泉东侧有一个巨大的圆形石质水瓮。据说萨尔维在建造喷泉期间，东边一家理发店里的师傅总是对施工评头论足，令萨尔维饱受困扰，于是硬生生在东边增建了这个水瓮，目的是挡住理发师的视线，让他闭嘴。

抛硬币

往喷泉里抛硬币这个著名传统来自1954年的电影《罗马之恋》（*Three Coins in the Fountain*），据说抛下一枚硬币，你在有生之年就一定能重返罗马。每天扔进特雷维喷泉中的硬币，总价值高达€3000。收集起来的硬币会被捐赠给天主教慈善机构明爱会（Caritas）。由于罗马对私人从水中捞钱的行为进行了严打，这部分捐赠的金额现在增加了许多。

双圣教堂

在罗马最壮观的喷泉里抛下了硬币后，不妨到旁边的**双圣教堂**（Santi Vincenzo e Anastasio a Trevi; www.santivincenzoeanastasio.it; Vicolo dei Modelli 73; ⏲9:00~13:00和16:00~20:00; Ⓜ Barberini）里看看。教堂建于17世纪，后殿右侧有一个小型礼拜堂，外设大门，里面藏有数十位教皇的心脏与内脏器官。这一传统起于教皇西斯科特五世（Pope Sixtus V; 1585~1590年），一直延续到20世纪，最终被“不肯苟同”的教皇庇护十世（Pope Pius X; 1903~1914年）废除。

☑ 独家贴士

- 抛硬币的礼仪：背对喷泉，用右手抛掷，使硬币经左肩落入池水。
- 喷泉水池中严禁戏水，通往水池的台阶上严禁饮食，违者将被当场处以最高€500的罚款。
- 白天喷泉这里非常拥挤，晚上既有漂亮的灯光照明，人也相对较少，更适宜游览。

吃喝落脚点

San Crispino（☎06 679 39 24; www.ilgelatodisancrispino.com; Via della Panetteria 42; 每盒 约€2.50; ⏲周日至周四 11:00至次日00:30，周五和周六 至次日1:30; Ⓜ Barberini）是距离喷泉最近的口碑意式冰激凌店，赏过了喷泉，不妨来这儿凉爽一下。

喷泉周边正宗的地方菜餐厅包括Vineria Il Chianti（见92页）和Hostaria Romana（见93页）。

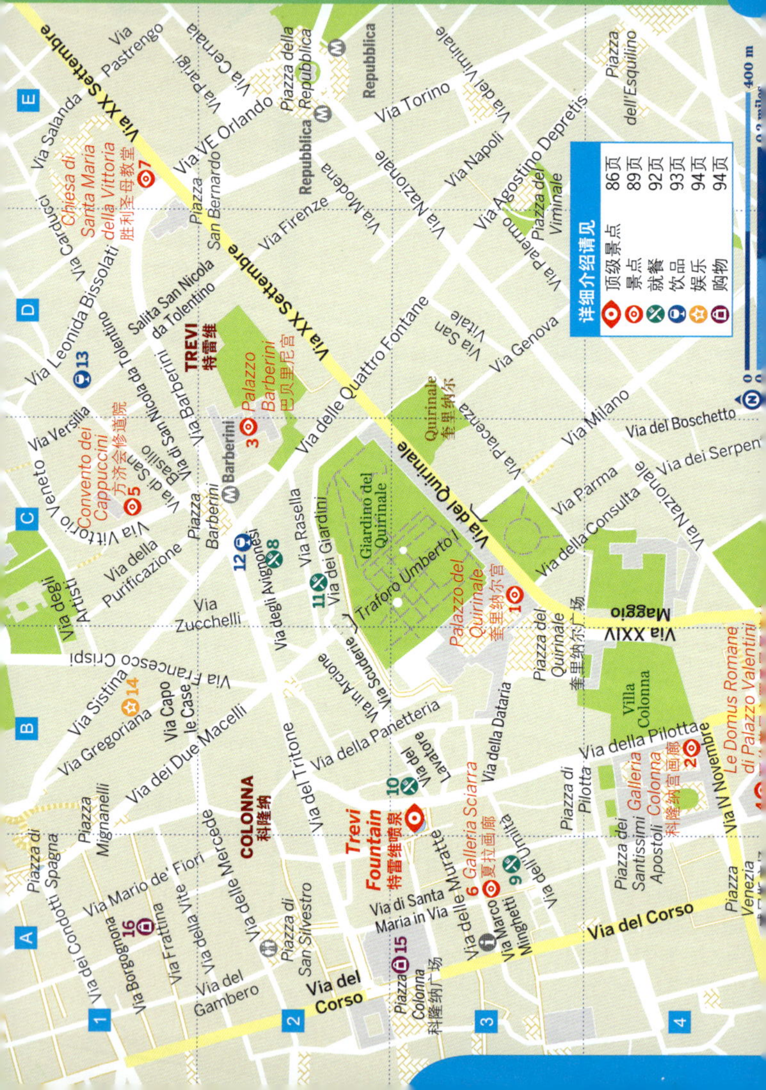

详细介绍请见
顶级景点 86页
景点 89页
就餐 92页
饮品 93页
娱乐 94页
购物 94页
400 m
Trevi Fountain 特雷维喷泉
TREVI 特雷维
COLONNA 科隆纳
Quirinale 奎里纳尔
1 Palazzo del Quirinale 奎里纳尔宫
2 Galleria Colonna 科隆纳宫画廊
3 Palazzo Barberini 巴贝里尼宫
5 Convento dei Cappuccini 方济会修道院
6 Galleria Sciarra 夏拉画廊
7 Chiesa di Santa Maria della Vittoria 胜利圣母教堂
Le Domus Romane di Palazzo Valentini
Piazza Colonna 科隆纳广场
Piazza del Quirinale 奎里纳尔广场
Piazza della Repubblica
Repubblica
Barberini
Piazza Barberini
Giardino del Quirinale
Traforo Umberto I
Villa Colonna
Piazza dei Santissimi Apostoli
Piazza di Pilotta
Piazza Venezia
Piazza di Spagna
Piazza Mignanelli
Piazza di San Silvestro
Piazza San Bernardo
Piazza del Viminale
Piazza dell'Esquilino
Via del Corso
Via XX Settembre
Via del Quirinale
Via delle Quattro Fontane
Via Nazionale
Via del Tritone
Via Vittorio Veneto
Via Sistina
Via Francesco Crispi
Via dei Due Macelli
Via della Pilotta
Via IV Novembre
Via XXIV Maggio
Via della Dataria
Via della Consulta
Via Milano
Via Genova
Via Torino
Via Firenze
Via Modena
Via Napoli
Via Agostino Depretis
Via del Viminale
Via VE Orlando
Via Leonida Bissolati
Via Barberini
Via Rasella
Via dei Giardini
Via degli Avignonesi
Via della Panetteria
Via del Lavatore
Via delle Muratte
Via dell'Umiltà
Via Marco Minghetti
Via di Santa Maria in Via
Via del Gambero
Via della Mercede
Via della Vite
Via Frattina
Via Borgognona
Via dei Condotti
Via Mario de' Fiori
Via Gregoriana
Via Capo le Case
Via Zucchelli
Via della Purificazione
Via degli Artisti
Via Versilia
Via San Basilio
Via di San Nicola da Tolentino
Salita San Nicola da Tolentino
Via Carducci
Via Salandra
Via Pastrengo
Via Cernaia
Via Parigi
Via San Vitale
Via Piacenza
Via Parma
Via del Boschetto
Via dei Serpenti
Via Palermo
Via in Arcione
Via Scuderie

奎里纳尔宫

景点

奎里纳尔宫 宫殿

1 见88页地图，C3

恢宏的奎里纳尔宫可俯瞰奎里纳尔广场，现为意大利总统府。曾经在近3个世纪的时间里，这里一直都是教皇的避暑行宫，1870年却成了意大利首位国王的王宫——当时的教皇庇护九世在交钥匙的时候一定心有不甘。到了1948年，宫殿被收归国有。参观宫殿内部必须参加导览游，而且应该至少提前5天通过电话报名（参观当天，可前往附近的信息站领票，地址是Salita di Montecavallo 15），或通过www.coopculture.it在线购票。（Palazzo del Quirinale；☎06 3996 7557；www.quirinale.it；Piazza del Quirinale；1.25小时团队游 €1.50，2.5小时团队游 成人/优惠€10/5；⏰周二、周三和周五至周日 9:30~16:00，8月关闭；Ⓜ Barberini）

科隆纳宫画廊 画廊

2 见88页地图，B4

这间富丽堂皇的画廊建于17世纪，是科隆纳宫（Palazzo Colonna）目前唯一对公众开放的区域，内有科隆纳（Colonna）家族的私人艺术藏品。规模在罗马不算最大，但萨尔瓦多·洛萨（Salvatore Rosa）、圭多·雷尼（Guido Reni）、圭尔奇诺（Guercino）和阿尼巴尔·卡拉奇（Annibale Carracci）等大师的作品都有，因此门票物有所值。正午有一场英语

了解当地

圣母壁画

特雷维喷泉附近有一条小巷叫Vicolo delle Bollette，小巷的墙壁上有一幅尺寸不大、线条简单的圣母壁画，名为《圣母圣殇》(*Madonna della Pietà*)，是罗马最著名的小幅圣母壁画(madonnelle)之一。据估算，像这种街边圣母壁画，罗马历史中心区大约有730幅，大多数位于街角或是古老宫殿宅邸的外墙上，许多都是16世纪或17世纪添加上去的，但这种在建筑物外创作神像壁画的传统诞生于基督教之前。当时的罗马人会在街角的墙上修建“还愿神龛”，供奉门神拉尔(Lar)，据说过往行人也会受其庇护。公元4世纪，基督教兴起，神龛上也就顺理成章地换成了基督教的神像。这些神像的另一个功能，是让笃信天主教的罗马人有所顾忌，不要在街头为非作歹。

这些圣母壁画不但能劝恶向善，还曾经提供着重要的“便民服务”：在19世纪路灯普及之前，壁画前的烛灯是罗马唯一的夜间照明设施。

导览游，持门票可免费自愿参加。(Galleria Colonna；☎06 678 43 50；www.galleriacolonna.it；Via della Pilotta 17；成人/优惠 €12/10；⏲周六 9:00~13:15，8月关闭；🚌Via IV Novembre)

巴贝里尼宫 画廊

3 👁 见88页地图，C2

为了庆祝巴贝里尼家族成员登基成为教皇，巴贝里尼宫应运而生。这座美轮美奂的巴洛克宫殿本身就很令人叹服，里面展示的艺术品更是精彩得让人窒息。诸多著名建筑师都在这座宫殿身上留下了印记，包括贝尔尼尼与博罗米尼：那条巨大的方形楼梯就是前者的手笔，那条螺旋楼梯则是后者的大作。在宫内的艺术杰作之中，一定不要错过佩德罗·达·科尔托纳(Pietro da Cortona)创作的世界上最壮观的宫殿印花板壁画——《神意的胜利》(*Il Trionfo della Divina Provvidenza*；1632~1639年)，就位于宫殿一层大客厅的天花板之上。(Palazzo Barberini, Galleria Nazionale d' Arte Antica；☎06 481 45 91；www.barberinicorsini.org；Via delle Quattro Fontane 13；成人/优惠 €5/2.50，含科西尼宫画廊 €10/5；⏲周二至周日 8:30~19:00；Ⓜ Barberini)

瓦伦蒂尼宫罗马民居遗址 考古遗址

4 👁 见88页地图，B4

气派的瓦伦蒂尼宫自1873年起便是罗马省政府所在地(罗马省自2015年起已撤销，改为罗马首都区)，宫殿地下保留有多座古罗马奢华民居的遗迹。那里出土的文物在多媒体技术的渲染下将会带给你一段神奇的体验。团队游每30分钟一批，讲意大利语、英语和法语的团队间隔发团，建议提前通过网站或电话预订，节假日期间更要如此。(Le Domus Romane di Palazzo Valentini; ☎06 2276 1280; www.palazzovalentini.it; Via Foro Traiano 85; 成人/优惠 €12/8，订票费 €1.50; ⏲周三至周一9:30~18:30; 🚸; Ⓜ Barberini)

方济会修道院

博物馆

5 👁 见88页地图，C1

这片教堂兼修道院建筑群里藏着罗马最诡异的景点：墓穴礼拜堂。那里的一切装潢——从相框到灯架——都是用人骨打造的。1732~1775年，这里的方济嘉布遣会修士（也叫“托钵僧”）用3700位去世会友的遗骨修建了这片恐怖天地，目的是提醒自己“人终有一死”。共有6间墓穴，由一条30米长的通道连接，每间都用装饰所使用的骨骼类型进行命名，比如“颅骨间”“胫骨间”“盆骨间”，等等。(Convento dei Cappuccini; ☎06 487 11 85; www.cappucciniviaveneto.it; Via Vittorio Veneto 27; 成人/优惠 €8.50/5; ⏲9:00~19:00; Ⓜ Barberini)

夏拉画廊

纪念碑

6 👁 见88页地图，A3

画廊位置隐秘，从特雷维喷泉出发，沿着弯弯曲曲的步行街Via delle Muratte往西，然后再往南走一个街区，在Via Marco Minghetti上就能找到。那里实际上是一片宏伟的新艺术风格庭院，因为建筑外墙布满壁画才被称为画廊。16世纪时，此地曾有一座夏拉宫（Palazzo Sciarra Colonna di Carbognano），庭院属于宫殿的一部分，后来在1890年，富有的夏拉家族对庭院进行了全面翻修，这些壁画以及由铁和玻璃打造的顶棚都是那时加上去的。整片庭院仿佛一曲女性赞歌，壁画内容中有妻子、母亲、乐手等罗马贵族中常见的女性角色，体现了女性坚强、耐心、矜持与善良等美德。(Galleria Sciarra; Via Marco Minghetti 9-10; ⏲周一至周五 9:00~20:00; Ⓜ Barberini)

胜利圣母教堂

教堂

7 👁 见88页地图，E1

低调的教堂里面竟然藏着一件毫不低调的艺术杰作——贝尔尼尼创作的《圣特蕾莎的沉迷》(*Santa Teresa trafitta dall'amore di Dio*)。这件雕塑作品带有性暗示，特蕾莎半躺在云朵上，包裹在一

独家贴士

奎里纳尔广场上的日落

总统府面前的**奎里纳尔广场**（Piazza del Quirinale; 见88页地图，B3; Ⓜ Barberini）是欣赏罗马落日美景的最佳地点之一。夕阳西下，天空似金似火，放眼望去，脚下是罗马城屋顶构成的海洋，远处圣彼得大教堂的穹顶依稀可辨，令人难忘。

件水流一般的披风里，旁边一位天使，面带笑意，用一只金箭反复戳她的身体，圣女双唇微张，露出沉迷的表情。（Chiesa di Santa Maria della Vittoria；☎06 4274 0571；Via XX Settembre 17；⏲8:30至正午和15:30～18:00；Ⓜ Repubblica）

就餐

Colline Emiliane 意大利菜 €€€

8 见88页地图，C2

餐厅不大，餐桌铺着白桌布，供应享誉艾米利亚-罗马涅（Emilia-Romagna）地区的特色菜肴，温馨如家的氛围和热情至极的服务更是吸引人。餐厅由拉提尼（Latini）家族创办，自20世纪30年代坚守至今，现在由儿子卢卡（Luca）主理，妈妈帕奥拉（Paola；餐厅的甜品女王）、姑妈安娜（Anna；每天早上都会在厨房里为客人现做意面，可以隔着玻璃好好欣赏一番）和爸爸马西莫（Massimo）都是他的帮手。（☎06 481 75 38；www.collineemiliane.com；Via degli Avignonesi 22；餐 €45；⏲周二至周日12:45～14:45和19:30～22:45，周日晚餐时间和周一歇业；Ⓜ Barberini）

当地生活

点咖啡，别露怯

喝咖啡（意大利语叫“Prendere un caffè”）是罗马生活中的一个重要仪式。当地人在早上上班前一定先会找个地方喝杯咖啡，午餐后也不能落下。你也要入乡随俗，到吧台那里要一杯意式浓缩（这里的人很少会用“espresso”这个词，直接说“un caffè”就可以），然后站在那里喝完。另外，午餐后一定不要点卡布奇诺。

Bistro del Quirino 意大利菜 €

9 见88页地图，A3

想在特雷维喷泉附近吃得实惠，那就在这家文艺范儿的小馆儿里预订一个位置。餐馆挨着Teatro Quirino剧院，宽敞的店内贴着剧院的海报，色彩缤纷。主打自助早午餐，沙拉、开胃菜、冷盘、热菜等都做得很好，静候罗马的美食达人来享用。（☎06 9887 8090；www.bistrotquirino.com；Via delle Vergini 7；早午餐 €10，单点€25；⏲正午至15:30和16:00至次日2:00；🚌 Via del Corso）

Vineria Il Chianti 托斯卡纳菜 €€

10 见88页地图，B3

这家葡萄酒吧墙上爬着蔓藤，非常漂亮，名字里既然带着“基安蒂”（Il Chianti），自然打的是“托斯卡纳”牌。在用一排排酒瓶做装饰的店内闲散一番，也可以在门前街道上的露天就餐区找张桌子坐下来，投身于超一流的托斯卡纳菜中。推荐布鲁奈罗葡萄酒煨牛肉（stracotto al Brunello）以及手工意面配“lardo di Colonnata”（一种在细花白大理石缸里发酵出来的猪肥膘，味道很

加入了番茄酱和帕尔玛奶酪的斜管通心粉

香）。（☎06 679 24 70；www.vineriailchianti.com；Via del Lavatore 81-82a；餐 €45；⊙10:00至次日1:00；🚌Via del Tritone）

Hostaria Romana 意式小馆 €€

11 见88页地图，C2

想在特雷维喷泉附近找个地方吃午餐或是晚餐，这家的口碑就非常好。主打以肉为主的传统意大利菜，有烤带骨山羊排、嫩牛排、烤乳猪和T骨牛排，主顾有当地人，也有游客。热闹，忙碌，喧嚣，一切都是意式小馆该有的样子。墙壁上全是食客的涂鸦，离开前记着留下自己的印记。（☎06 474 52 84；www.hostariaromana.it；Via del Boccaccio 1；餐 €40；⊙周一至周六12:30~15:00和19:15~23:00；MBarberini）

饮品

Pepy's Bar 咖啡馆

12 见88页地图，C2

特雷维喷泉附近的一家草根咖啡馆，小圆桌摆到了狭窄的人行道上，坐在那里欣赏巴贝里尼广场（Piazza Barberini）上汩汩的喷泉和川流的摩托车，这才是最地道的罗马感觉。任何时候都可以来小酌一杯。店家全天供应三明治，用的都是四四方方的去边白面包片，漂亮得让人不忍下嘴。（☎06 4040 2364；www.pepysbar.it；Piazza Barberini 53；⊙7:00至次日2:00；📶；MBarberini）

Moma

咖啡馆

13 见88页地图，D1

一家难得的咖啡馆兼餐厅，超级时髦，品位中透着性感，附近西装革履的白领们经常光顾。楼下的小咖啡馆不设座位，门外一小片木板露台让你可以慢条斯理地享受咖啡和美味的意式甜点（dolcetti）。楼上的餐厅主打“cucina creativa”（即“创意美食”），备受推崇。（☎06 4201 1798；www.ristorantemoma.it；Via di San Basilio 42；品味套餐 €55；⏰9月至次年7月 周一至周六 8:00至午夜；Ⓜ Barberini）

娱乐

Gregory's Jazz Club

爵士乐

14 见88页地图，B1

这家店就和这里的爵士乐一样，有一种沙哑的性感。不妨先去楼下的酒吧，点一杯威士忌放松一下，然后窝在楼上软软的沙发里，借着性感的爵士乐演出继续放松。表演者都是当地的一流乐手，工作之余也喜欢来这儿聚聚。（☎06 679 63 86；www.gregorysjazz.com；Via Gregoriana 54d；必须消费酒水 €15~20；⏰周二至周日 20:00至次日2:00；Ⓜ Barberini, Spagna）

购物

阿尔伯托·索迪商场

购物中心

15 见88页地图，A3

这条典雅的购物商廊用彩色玻璃做装饰，曾在阿尔伯托·索迪（Alberto Sordi）1973年拍摄的经典电影《星尘》（*Polvere di stelle*）中亮相，之后便改名了。这位备受罗马人喜爱的演员于2003年去世。商场环境惬意，能找到Zara和Feltrinelli等品牌，还有一家清新的咖啡馆，逛累了可以去喝杯咖啡歇歇脚。（Galleria Alberto Sordi；☎06 6919 0769；www.galleriaalbertosordi.it；Piazza Colonna, Galleria di Piazza Colonna；⏰周一至周六 8:30~21:00，周日 9:30~21:00；🚌Via del Corso）

Fausto Santini

鞋

16 见88页地图，A1

Fausto Santini是罗马最著名的鞋子设计师，他的作品融入了建筑元素，简单中透着魔力，柔软的皮靴皮鞋非常漂亮，颜色美，质量好，无可挑剔。如果这里的价格超出你的预算，可以到该品牌的**过季折扣店**。（☎06 488 09 34；Via Cavour 106；⏰周二至周五 10:00~13:00和15:30~19:30，周六 10:00~13:00和15:00~19:30；Ⓜ Cavour）转转。（☎06 678 41 14；www.faustosantini.com；Via Frattina 120；⏰周一至周六 11:00~19:30，周日至19:00；Ⓜ Spagna）

了解当地

罗马与电影

黄金时代

20世纪40年代是罗马电影的黄金时代，罗伯托·罗塞里尼（Roberto Rossellini; 1906~1977年）大名鼎鼎的新现实主义三部曲就是在那时候诞生的。《罗马：不设防的城市》（*Roma città aperta*; 1945年）是三部曲中的第一部，也是最有名的一部，在市中心东边的普雷内斯提诺（Prenestina）地区取景，其故事真实而残酷。维托里奥·德·西卡（Vittorio de Sica; 1901~1974年）接棒了新现实主义，他于1948年拍摄的《偷自行车的人》（*Ladri di biciclette*）也选择在罗马广阔的郊区取景。在随后的几十年里，费德里科·费里尼（Federico Fellini; 1920~1994年）创造性地对新现实主义进行了继承与发扬，镜头摒弃了表面的真实，画面饱含幽默、伤感与象征主义，尖酸深刻，令观影者五味杂陈。他最具国际知名度的作品就是由马塞洛·马斯楚安尼（Marcello Mastroianni）和安妮塔·艾克伯格（Anita Ekberg）主演的《甜蜜的生活》（*La Dolce Vita*; 1960年）。

当代导演

保罗·索伦蒂诺（Paolo Sorrentino; 生于1970年）虽然生在那不勒斯，但是以罗马为自己的第二故乡，如今在意大利影坛叱咤风云。自从2013年凭借热门电影《绝美之城》（*La grande bellezza*）荣获奥斯卡奖，他又接连执导了电影《年轻气盛》（*Youth*; 2015年），以及由HBO与Atlantic Sky联合推出的电视剧《年轻的教宗》[*The Young Pope*; 2016年; 裘德·洛（Jude Law）主演]，后者以华丽的镜头语言、时而超现实的叙事讲述了梵蒂冈的权力博弈。

索伦蒂诺是一个因与罗马相关的电影而出名的那不勒斯人，与之相反，马提欧·加洛尼（Matteo Garrone; 生于1968年）则是一个因拍摄有关那不勒斯的电影而出名的罗马人：他执导的《格莫拉》（*Gomorra*; 2008年）以简单粗暴的方式揭露了那不勒斯的黑帮故事，获得了广泛的赞誉。

艾曼纽尔·克里亚勒斯（Emanuele Crialese; 生于1965年）与蓝伯托·圣费利斯（Lamberto Sanfelice）是近年来较为活跃的罗马电影人。前者的《干燥的土地》（*Terraferma*; 2011年）聚焦移民问题，发人深省。后者在2015年圣丹斯电影节上凭借叙事平缓的《氯气》（*Cloro*）获得了好评，影片讲述了一个十几岁的小女孩如何在家庭悲剧面前坚持自己的梦想。

当地生活
圣洛伦佐和皮内托

到达

🚌 公交车7路和492路去圣洛伦佐，81路、810路、105路和n12路去皮内托。

🚋 前往圣洛伦佐可选择3路有轨电车，皮内托有5路、14路和19路有轨电车连接。

圣洛伦佐（San Lorenzo）位于中央火车站以东，是生机勃勃的学生区，街道两旁满是涂鸦，艺术工作室、便宜的外卖餐馆和时髦餐厅，洋溢着大都市的魅力。除了那座重要的圣殿教堂，这里没有什么传统意义上的景点，但夜生活非常热闹。位于东南方向的皮内托（Pigneto）曾经是工人聚集区，现在则是罗马最潮、酒吧最多的一个地方，备受文艺青年、时尚男女和潮流先锋们的喜爱。

❶ 城外圣劳伦斯教堂

城外圣劳伦斯教堂（Basilica di San Lorenzo Fuori le Mura；Piazzale San Lorenzo；⏲8:00至正午和16:00~18:30；🚌Piazzale del Verano）立于圣劳伦斯（意大利称“圣洛伦佐”）的安息地之上，朴素中透着美丽。教堂在“二战”中遭到炮火袭击，但内部壮观的克斯马提花纹地板（Cosmati floor）以及绘有壁画的13世纪外廊都得以留存。

❷ 探索维拉诺公墓

城外圣劳伦斯教堂旁边有一个**维拉诺公墓**（Cimitero di Campo Verano；☎06 4923 6349；www.cimitericapitolini.it；Piazzale del Verano 1；⏲4月至9月 7:30~18:00，10月至次年3月 至17:00；🚌Piazzale del Verano），里面通道交错，两边尽是恢宏的坟墓，历史可以追溯到拿破仑占领罗马的时代（1804~1814年）。

❸ 在Said买巧克力

Said（☎06 446 92 04；www.said.it；Via Tiburtina 135；餐 €50；⏲周一 18:00至次日00:30，周二至周五 10:00至次日00:30，周六 至次日1:30，周日 至午夜；📶；🚌Via Tiburtina，🚋Via dei Reti）藏在20世纪20年代的老厂房里，是销售各色新奇巧克力的商店。这里一部分是酒吧（热巧克力值得一试），还有一部分是餐厅。

❹ 在Il Sori品酒

Il Sorì（☎393 4318661；www.ilsori.it；Via dei Volsci 51；⏲周一至周六 19:30至次日2:00；🚌Via Tiburtina）内每一片萨拉米香肠、每一块奶酪都经过精挑细选，都来自意大利最好的食品作坊和小型食品商，对于美食家来说可谓意外之喜。

❺ 去Tram Tram用餐

Tram Tram（☎06 49 04 16；www.tramtram.it；Via dei Reti 44；餐 €35~45；⏲周二至周日 12:30~15:30和19:30~23:30；🚌Via Tiburtina，🚋Via dei Reti）是一家历史悠久的传统意式小馆。这里人气火爆，由家族经营，既能吃到经典的罗马菜，也能吃到普利亚（Puglia）的海鲜。建议提前订位。

❻ 到Necci泡吧

Necci dal 1924（☎06 9760 1552；www.necci1924.com；Via Fanfulla da Lodi 68；⏲8:00至次日2:00；📶👶；🚋Via Prenestina）氛围惬意，电影导演皮埃尔·保罗·帕索里尼（Pier Paolo Pasolini）曾是常客。主顾形形色色，或是在枝繁叶茂的露台上喝东西，或是前来品尝时令海鲜。

❼ 偷尝禁“酒”

在**Co.So**（☎06 4543 5428；Via Braccio da Montone 80；⏲周一至周六 19:00至次日3:00；🚋Via Prenestina）点一杯carbonara sour（含浸过猪油的伏特加），边喝边侃。然后到街对面三明治店后面那家**Spirito**（☎327 2983900；www.club-spirito.com；Via Fanfulla da Lodi 53；⏲周三至周一 19:30至次日3:00；🚋Via Prenestina）寻找当年纽约人偷尝禁酒的感觉。

探 索

蒙蒂和埃斯奎利诺

这一带面积广大，文化多元，中心是罗马的交通枢纽中央火车站。初来乍到，似乎繁忙喧嚣，让人难以消受。但在车辆嘈杂的街道间，藏着不少美丽的教堂，马西莫浴场宫里还有罗马最不为人知的艺术博物馆，时尚的蒙蒂区（Monti）更有无数潮流酒吧与餐厅。

一日游行程

先去参观罗马顶级博物馆**罗马国家博物馆马西莫浴场宫**（见100页）。附近的火车站乱得让人喘不过气，馆内却十分安静，雕塑和壁画令人沉醉。随后奔赴**圣玛丽亚大教堂**（见103页）和旁边的**圣巴西德教堂**（见105页），里面拜占庭时期的华美镶嵌画非常有名。享受过丰盛的艺术盛宴后，此时该去**Panella**（见105页）吃午餐了。

下午等到15:00以后再去**被缚的圣彼得教堂**（见104页），欣赏米开朗琪罗的那件大作，然后漫步游览商店、画室林立的蒙蒂区，再到**展览宫**（见104页）看一场展览。

晚上回到蒙蒂区，先在**L' Asino d' Oro**（见106页）吃晚餐，随后在众多酒吧和咖啡馆中挑一家，比如常年人气不减的**Ai Tre Scalini**（见105页）。

顶级景点

罗马国家博物馆马西莫浴场宫（见100页）

罗马最佳

历史

被缚的圣彼得教堂（见104页）

饮食

Antonello Colonna Open（见105页）

Mercato Centrale（见106页）

Pasta Chef（见106页）

酒吧和夜生活

Ai Tre Scalini（见105页）

建筑

圣玛丽亚大教堂（见103页）

到达和离开

地铁 地铁B线Cavour站对于游览蒙蒂区来说最方便，前往埃斯奎利诺可以选择Termini（A线或B线）、Castro Pretorio（B线）或Vittorio Emanuele（A线）站。

公交车 中央火车站是罗马最大的公交枢纽，线路覆盖全城，乘坐在Via Nazionale或Via Cavour沿线下车的公交车即可游览蒙蒂区。

顶级景点

罗马国家博物馆马西莫浴场宫

罗马最佳博物馆之一，馆内光线充足，古典艺术珍宝众多。趁着精力充沛，应该先去参观最精彩的部分，也就是二层的壁画展区：一幅幅壮观的壁画再现了古罗马别墅内部昔日的恢宏，藏品之丰富与震撼，世界上绝无仅有。

见102页地图，D2

06 3996 7700

www.coopculture.it

Largo di Villa Peretti 1

成人/优惠 €7/3.50

周二至周日 9:00~19:45

M Termini

马西莫浴场宫内的这幅石榴树壁画来自古老的里维亚别墅

古罗马别墅壁画展区

二层展示的壁画气势宏大，色彩灵动丰富（且造价不菲），描绘场景涉及自然、神话、家庭生活以及声色享乐。其中一个展室被一整幅壁画完全覆盖，最令人叹为观止。这幅壁画来自里维亚别墅（Villa Livia）——奥古斯都皇帝之妻里维亚·德鲁希拉（Livia Drusilla）的一座行宫，描绘了一片天堂般的花园，玫瑰、紫罗兰、石榴、鸢尾和甘菊在深蓝色的天空下百花齐放，争奇斗艳。该壁画被用来装饰里维亚别墅夏季宴客厅（triclinium），古罗马建筑中常有这种兼具起居和晚宴功能的房间，面积很大，为了避暑一般为半地下结构。展室通过灯光模拟日光的强弱变化，凸显了色彩的丰富，壁画历经千载，美丽依旧。

地板镶嵌画

在二层还能看到精细无比的古罗马地板镶嵌画，以及来自13世纪和14世纪的罕见镶嵌装饰品。这么漂亮的镶嵌画当年竟被放在别墅的地板上，任由成百上千的罗马贵族随意踩踏，其奢靡程度实在是令人惊愕。

肖像与青铜像

底层和一层专门用来展示雕塑作品，并对帝王肖像的政治宣传作用进行了详细分析，当然也有不少令人惊叹的艺术品，比如来自公元前2世纪的两件希腊青铜雕像《拳手》（*Boxer*）和《王子》（*Prince*），来自阿德里亚娜别墅（Villa Adriana）的半蹲的《阿弗洛狄忒》（*Aphrodite*），公元前2世纪的沉睡的《海尔玛弗狄忒》（*Hermaphrodite*）以及理想状态中的《掷铁饼者》（*Discus Thrower*）。卡里古拉皇帝（Caligula）船宫（这位皇帝为自己建造了两座水上宫殿，英文叫Nemi Ships）上精致的青铜装饰也很有意思。

☑ 独家贴士

- ▶博物馆每月第一个周日免费。
- ▶建议在主售票台那里花€5租一个语音导游。
- ▶门票有效期3天，持票可免费参观戴克里先浴场、阿尔腾普斯宫和巴尔布斯地宫（Crypta Balbi）等罗马国家博物馆分馆。

吃喝落脚点

逛过了博物馆，一定要去Mercato Centrale（见106页）补充些能量，那里有众多精品美食摊位，在罗马能买到的诸如蛋糕、咖啡、午餐、晚餐、快餐等食品，这儿都应有尽有，全天供应。

想在石砖小巷里吃比萨，就去罗马最古老的比萨餐厅**Est Est Est**（Da Ricci；☎06 488 11 07；www.anticapizzeriaricciroma.com；Via Genova 32；比萨 €6~15；⏰周二至周日19:00至午夜；❄；🚇Via Nazionale），从那里步行到博物馆只要10分钟。

A
B
C
D
1
2
3
4
5
0 200 m
0 0.1 miles
详细介绍请见
顶级景点 100页
景点 103页
就餐 105页
饮品 107页
娱乐 108页
购物 109页
Museo Nazionale Romano: Terme di Diocleziano
罗马国家博物馆戴克里先浴场宫
Piazza della Repubblica
共和国广场
Repubblica
Via Cernaia
Viale L Einaudi
Viale Enrico de Nicola
Piazza dei Cinquecento
Main Bus Station
中央车站
Termini
Stazione Termini
Largo di Villa Peretti
Via del Viminale
Museo Nazionale Romano: Palazzo Massimo alle Terme
罗马国家博物馆马西莫浴场宫
Via Modena
Via Torino
Via Firenze
Via Napoli
Piazza Beniamino Gigli
Via Massimo d'Azeglio
Via Giovanni Giolitti
Via Amendola
Quirinale
Via delle Quattro Fontane
Via San Vitale
Via Piacenza
Via Genova
Via Nazionale
Via Agostino Depretis
Piazza del Viminale
Via Palermo
Palazzo delle Esposizioni
展览宫
Ministero dell'Interno
ESQUILINO
埃斯奎利诺
Via Farini
Via Gioberti
Piazza dell'Esquilino
Via dell'Esquilino
Basilica di Santa Maria Maggiore
圣玛丽亚大教堂
Piazza Santa Maria Maggiore
圣玛丽亚广场
Via Napoleone III
Via Cesare Balbo
Via Urbana
Via di Santa Maria Maggiore
Via Liberiana
Via Milano
Via del Boschetto
Via dei Serpenti
Via Panisperna
Via Cimarra
Via dei Capocci
Via Cavour
Via dei Quattro Cantoni
Via Paolina
Via dell'Olmata
Basilica di Santa Prassede
圣巴西德教堂
Via Carlo Alberto
Largo Sant' Alfonso
MONTI
蒙蒂
Piazza Zingari
Via degli Zingari
Via Sforza
Via San Martino ai Monti
Piazza Madonna dei Monti
Cavour
Via Giovanni Lanza
Piazza San Martino ai Monti
Via dello Statuto
Largo Brancaccio
Via Leonina
Largo Visconti Venosta
Via in Selci
Via Merulana
Via Cavour
Via degli Annibaldi
Via Eudossiana
Basilica di San Pietro in Vincoli
被缚的圣彼得教堂
Via delle Sette Sale
Viale del Monte Oppio
Via della Polveriera
Domus Aurea
金宫
Parco di Traiano
Parco del Colle Oppio
Via Mecenate

圣玛丽亚大教堂内部

景点

圣玛丽亚大教堂

宗座圣殿

1 见102页地图，D3

罗马四大圣殿之一，建于5世纪，气势雄伟，立于埃斯奎利诺山山顶，据说358年夏季降雪的神迹就发生在这里。为了纪念这一神迹，每年8月5日，人们会在教堂的镶板穹顶上撒落无数白色花瓣。数百年来，教堂建筑发生了很大的变化，罗马风格的钟塔来自14世纪，巴洛克风格的正面外墙来自18世纪。内部基本上也是巴洛克风格，但也保留了一系列5世纪的华丽镶嵌画。（Basilica di Santa Maria Maggiore; ☎06 6988 6800; Piazza Santa Maria Maggiore; 教堂免费，成人/优惠 博物馆 €3/2，博物馆与凉廊 €5/4; ⏲7:00~19:00，凉廊导览游 9:30~17:45; 🚌Piazza Santa Maria Maggiore）

罗马国家博物馆戴克里先浴场宫

博物馆

2 见102页地图，D1

戴克里先浴场宫曾是古罗马最大的浴场建筑群，占地约13公顷，能容纳约3000人，现为罗马国家博物馆分馆。馆内展品包括纪念铭文、浮雕和考古文物，生动有趣地介绍了古罗马人的生活。外面有一座巨大的回廊，根据米开朗琪罗的图纸建造而成，一侧装饰有古代石棺、无头雕塑和巨大的兽首雕塑，据说都来自图拉真广场。（Museo Nazionale Romano: Terme di Diocleziano; ☎06 3996 7700; www.

coopculture.it; Viale Enrico de Nicola 78; 成人/优惠 €7/3.50; ⏲周二至周日 9:00~19:30; Ⓜ Termini)

金宫

考古遗址

3 见102页地图，B5

公元64年的火灾之后，皇帝尼罗在这里建造了金宫（谣传这场火灾就是他为了给宫殿"腾地方"故意引发的）。宫殿内外布满金饰，故而得名金宫，当时规模极大，占据了罗马城的三分之一。今天，这里推出了高科技导览游，充分利用虚拟现实技术，向你展示出当年那座回廊重重环绕的宫殿是何等的奢华气派。必须提前网上预约。（Domus Aurea, Golden House; ☎06 3996 7700; www.coopculture.it; Viale della Domus Aurea; 成人/6岁以下 €14/免费; ⏲周六和周日 9:00~16:45; Ⓜ Colosseo）

被缚的圣彼得教堂

宗座圣殿

4 见102页地图，B5

这座建于5世纪的圣殿教堂令艺术爱好者和朝圣者蜂拥而至，前者是为了欣赏米开朗琪罗的巨大雕塑《摩西》（*Moses*; 1505年），后者是为了瞻仰曾经绑缚过圣彼得的锁链——据说这位圣徒曾被囚禁于古罗马广场附近的马麦丁监狱（Carcere Mamertino）。从Via Cavour爬过一段台阶，穿过一个低矮的拱门即是教堂。（Basilica di San Pietro in Vincoli; Piazza di San Pietro in Vincoli 4a; ⏲夏季 8:00~12:30和15:00~19:00，冬季 至18:00; Ⓜ Cavour）

展览宫

文化中心

5 见102页地图，A3

这座巨大的新古典主义宫殿建于1882年，本是一座展览中心，此后接连变换角色，当过意大利共产党的总部大楼，当过盟军士兵的食堂，当过选民投票站，甚至还当过公厕。今天，这里是一座壮观的文化中心，展厅规模堪比大教堂，常举办热门艺术展，还可以参观到设计时尚的艺术实验室。除了一家书店和一家咖啡馆，这里还有米其林星级餐厅Antonello Colonna Open（见105页），玻璃屋顶绚丽至极，供应的午餐和早午餐很是划算。展览宫偶尔也会举行音乐会、演出和电影放映活动。（Palazzo delle Esposizioni; ☎06 3996 7500; www.palazzoesposizioni.it; Via Nazionale 194; ⏲周二至周四和周日 10:00~20:00，周五和周六 至22:30; 🚌Via Nazionale）

共和国广场

广场

6 见102页地图，C1

意大利统一后，罗马大兴土木，共和国广场由此诞生，现为当地地标，两侧可见19世纪气派的新古典主义柱廊。这里曾是戴克里先浴场宫外半圆形的座廊（建筑学术语称exedra），如今的轮廓与座廊一样仍是半圆形，原先叫"座廊广场"（Piazza Esedra）。（Piazza della Repubblica; Ⓜ Repubblica）

圣巴西德教堂

教堂

7 见102页地图，D4

教堂建于9世纪，规模很小，因内部绚烂的拜占庭风格镶嵌画而闻名。圣巴西德乃是基督教早期的一位女圣徒，她英勇协助基督徒躲避迫害，还将被害基督徒的尸首放置在一口井中安葬。如今那口井的原址上有一块大理石圆盘标记，位于教堂中厅的地面上。（Basilica di Santa Prassede；☎06 488 24 56；Via Santa Prassede 9a；⏲7:00至正午和16:00~18:30；🚌Piazza Santa Maria Maggiore）

就餐

Panella

面包房、咖啡馆€

8 见102页地图，D5

这家诱人的面包房绝对是吃货们的天堂，单靠味道就让人飘飘欲仙。托盘上凌乱地摆满了好吃的，新鲜烤制的油酥点心能吃出蛋奶糊的香浓，也有野樱桃水果挞、切片比萨（pizza al taglio）、炸米丸子（arancini）和佛卡夏面包（focaccia）可选。店内设吧椅，就摆在各色精品美食货架之间，店外的露台鲜花朵朵，阳光明媚，美冠罗马，能在那里抢到一张桌子，那可太幸运了。（☎06 487 24 35；www.panellaroma.com；Via Merulana 54；餐 €7~15；⏲周一至周四 8:00~23:00，周五和周六 至午夜，周日 8:30~16:00；Ⓜ Vittorio Emanuele）

Ai Tre Scalini

葡萄酒吧 €€

9 见102页地图，A4

店名意为"三级台阶"，自1895年开业以来便备受青睐，店内总是人满为患，排队的客人穿过那扇被刷成紫罗兰色的时髦店门一直排到街道上。除了奶酪和萨拉米香肠，还有酱肉丸（polpette al sugo）这种硬菜，选择很多，都是暖心的家常口味，佐餐的葡萄酒和啤酒也是品质超群。（☎06 4890 7495；www.aitrescalini.org；Via Panisperna 251；餐 €25；⏲12:30至次日1:00；Ⓜ Cavour）

Antonello Colonna Open

意大利菜 €€€

10 见102页地图，A2

这家米其林星级餐厅位于展览宫后面，地段优越，全玻璃屋顶绚丽无比，掌勺的是名厨安托内洛·科罗纳（Antonello Colonna）。主打新派罗马菜，将传统与创新完美融合，精湛厨艺里融入了奇思妙想。不限量自助午餐和周末早午餐性价比无敌。天气晴朗时，可以去天台上享用露天晚餐。（☎06 4782 2641；www.antonellocolonna.it；Via Milano 9a；午餐/早午餐 €16/30，餐 €16~100；⏲周二至周六 12:30~15:30和20:00~23:00，周日 12:30~15:30；❄；🚌Via Nazionale）

Temakinho

寿司 €€

11 见102页地图，A4

罗马仍然是一个意大利菜唱主角

的城市。意餐虽美，多了也腻，而这家店就是一个绝妙的调剂。巴西菜和日本菜双管齐下，有寿司，也有柠檬汁腌生鱼（ceviche），酒水方面自然少不了好喝又有劲的巴西凯匹林纳鸡尾酒（caipirinha）——用巴西产的卡沙萨（cachaça）甘蔗酒、糖、青柠和鲜果调制而成，但也有用日本清酒调制的日式凯匹林纳（sakehinha）。人气超高，建议提前订位。（☎06 4201 6656；www.temakinho.com；Via dei Serpenti 16；餐 €40；⏲12:30~15:30和19:00至午夜；Ⓜ Cavour）

L' Asino d' Oro

意大利菜 €€

12 见102页地图，A4

一家无与伦比的餐厅，老店原先在翁布里亚的奥尔维耶托（Orvieto），厨艺非凡的卢西奥·斯弗萨（Lucio Sforza）在烹调时并未忘本，菜肴朴实中不乏创意，讲究各种味道的平衡与对比，推荐羔羊肉丸配梨和蓝奶酪。一定要留点肚子给同样惊艳味觉的甜品。这里氛围私密，随意，却又很显格调，性价比在罗马数一数二，午餐套餐实惠得让人不好意思。（☎06 4891 3832；www.facebook.com/asinodoro；Via del Boschetto 73；工作日午餐套餐 €16，餐 €45；⏲周二至周六 12:30~14:30和19:30~23:00；Ⓜ Cavour）

Pasta Chef

快餐 €

13 见102页地图，A4

这家意面快餐店主攻"精品街边小吃"，由莫洛（Mauro）和莱奥波尔多（Leopoldo）两位厨师坐镇。热腾腾的现做意面火候完美，卡布纳拉意面、番茄罗勒意面（pomodoro e basilico）、波伦亚肉酱意面等经典口味都有，也有素食千层面等素食可选。主顾多是精打细算的行家。两位精力无限的厨师还开办了意面烹饪课。（☎06 488 31 98；www.pastachefroma.it；Via Baccina 42；意面 €5~8；⏲周一至周六 12:30~21:30；Ⓜ Cavour）

Aromaticus

健康食品 €

14 见102页地图，B4

很少有哪家像这家新奇的小咖啡馆一样，处处洋溢着健康的气息。开在销售芳香花卉和食用花卉的商店里，完全可以满足你对健康饮食的渴望。菜单不长，设计得却很可爱，有多种创意沙拉、热汤冷汤、白汁生肉、果汁、排毒思慕雪等。可堂食，可打包。（☎06 488 13 55；www.aromaticus.it；Via Urbana 134；餐 €10~15；⏲11:00~15:00和18:00~20:30；📶；Ⓜ Cavour）

Mercato Centrale

美食广场 €

15 见102页地图，D2

这个惊艳的美食广场共有3层，位于中央火车站，对于饥肠辘辘的旅客来说好比美食绿洲，是精明的佛罗伦萨餐饮企业家安伯托·蒙塔诺（Umberto Montano）最新的手笔。高高的拱顶天花板来自20世纪30年代，下面汇集了无数美食，面包、意面、蛋糕、素食汉堡、新鲜意面、松露巧克力、比萨等都有。罗马不少一流的食品生产商也在这里设有专柜，包括Gabriele Bonci（面包、佛卡夏和比萨）、

Mercato Centrale里的美食摊位

Roberto Liberati（萨拉米）以及Marcella Bianchi（素食）。（www.mercatocentrale.it/roma; Via Giolitti 36, Stazione Termini; 小吃/餐 €3/10起; ⏲7:00至午夜; 📶; Ⓜ Termini）

饮品

La Casetta a Monti

咖啡馆

16 见102页地图，A5

一家超级可爱的咖啡馆，小得像是玩具房子，凝聚了老板尤金尼奥（Eugenio）和亚利桑德罗（Alessandro）的心血与热情。主打美味的蛋糕和点心，更有罗马最好吃的巧克力萨拉米香肠。咖啡馆开在蒙蒂区中心一条石砖小巷里，房子低矮，窗户很大，绿植爬满店面，2017年

独家贴士

品酒

Vino Roma（📞328 487 44 97; www.vinoroma.com; Via in Selci 84g; 2小时品酒活动 每人 €50; Ⓜ Cavour）酒庄的酒窖装潢精美，拥有百年历史。女品酒师汉德·勒梅尔（Hande Leimer）及其专家团队在酒庄推出了高端时尚的品酒活动，在他们的指点下，新手老手都能受益匪浅。此外，酒庄也提供葡萄酒晚餐套餐（€60），含佐酒的小吃、奶酪和冷餐肉，还能组织3小时美食定制游。建议网上报名。

刚刚翻新过，给人清新靓丽之感。早餐、午餐、饮品、音乐全有。（☎06 482 7756；www.facebook.com/lacasettadeimonti；Via della Madonna dei Monti 62；⏰周一至周四 9:30~20:00，周五和周六 至22:00，周日 8:30~21:00；📶；Ⓜ Cavour）

La Bottega del Caffè 咖啡馆

17 见102页地图，A4

所在地点是罗马最美丽的广场之一，店名来自哥尔多尼（Carlo Goldoni）的喜剧《咖啡馆》（*La Bottega del Caffè*），在蒙蒂区人气很高。可以品咖啡、喝饮料、吃小吃、用午餐、进晚餐。冬季有暖气，能保证室外就餐区全年开放。（☎06 474 15 78；Piazza Madonna dei Monti 5；⏰8:00至次日 2:00；📶；Ⓜ Cavour）

> **当地生活**
>
> **Pasticceria Regoli**
>
> **Pasticceria Regoli**（☎06 487 2812；www.pasticceriaregoli.com；Via dello Statuto 60；⏰咖啡馆 周三至周日 6:30~19:45，商店 至20:20；Ⓜ Vittorio Emanuele）是一家开业于1916年的意式糕点咖啡馆（pasticceria），至今仍备受喜爱，周末门口会排起醒目的长队。店内挂着枝形吊灯，装潢典雅。格子果酱挞（crostate）最有名，特色爆浆奶油小面包（maritozzi con panna）更是好吃得不行。商店区与咖啡馆相邻，中间隔着一面镜子，上面有一个暗门，你在咖啡馆里点的蛋糕就是通过暗门递过来的。冰激凌的味道也非常好。

娱乐

Teatro dell' Opera di Roma 歌剧、芭蕾

18 见102页地图，C2

罗马的顶级歌剧院，镀金内饰尽显奢华，外墙来自20世纪20年代的法西斯时期，其历史更是精彩纷呈：普契尼（Puccini）的《托斯卡》（*Tosca*）曾在此首演，玛丽亚·卡拉斯（Maria Callas）曾在此献歌。9月至次年6月有歌剧及芭蕾舞演出。（☎06 48 16 01；www.operaroma.it；Piazza Beniamino Gigli 1；⏰售票处 周一至周六 10:00~18:00，周日 9:00~13:30；Ⓜ Repubblica）

Blackmarket 现场音乐

19 见102页地图，B3

一家迷人的酒吧，距离蒙蒂中心区稍远。室内打造得犹如私家客厅，复古家具不拘一格，紧凑不局促，扶手椅是混搭风格，大可以坐上去在轻松欢乐的氛围中喝上一杯。定期举办小型演出，以不插电独立乐和民谣为主，现场感觉像是把乐队请进了自家客厅。（www.blackmarketartgallery.it/monti；Via Panisperna 101；⏰19:30至次日 2:00；Ⓜ Cavour）

Charity Café
现场音乐

20 见102页地图，A4

空间不甚宽敞，桌子不甚结实，灯光昏暗，氛围随意，很适合舒舒服服地坐下来，欣赏现场爵士乐和蓝调演出。有格调，无压力，没有游客味儿，纯正的蒙蒂风格。演出一般从22:00开始，其间提供餐前小食。（☎06 4782 5881; www.charitycafe.it; Via Panisperna 68; ⊙周二至周日 19:00至次日2:00; Ⓜ Cavour）

购物

Tina Sondergaard
时装和饰品

21 见102页地图，A4

该品牌的手工女装剪裁精妙，复古的设计中蕴含匠心，很受时尚达人的追捧。罗马的戏剧演员、电视工作者和意大利摇滚巨星卡门·孔索利（Carmen Consoli）都是该品牌的拥趸。免费提供改衣服务，裙装约€150。（☎334 385 07 99; Via del Boschetto 1d; ⊙周一 15:00~19:30，周二至周六 10:30~13:00和13:30~19:30，8月歇业; Ⓜ Cavour）

Feltrinelli International
书籍

22 见102页地图，B1

这家连锁书店在意大利可谓无处不在。该分店主打国际图书，英、意、西、法、德、葡等语种的书籍俱全，畅销小说、词典、旅行指南、DVD应有尽有，地图也非常之多。（☎06 482 78 78; www.lafeltrinelli.it; Via VE Orlando 84-86; ⊙周一至周六 9:00~20:00，周日 10:30~13:30和16:00~20:00; Ⓜ Repubblica）

Mercato Monti Urban Market
市场

23 见102页地图，A4

市场位于蒙蒂区的潮人聚集区。二手服装、配饰以及当地设计师的孤品应有尽有，值得仔细淘淘。（www.mercatomonti.com; Via Leonina 46; ⊙9月至次年6月 周五至周日 10:00~20:00; Ⓜ Cavour）

La Bottega del Cioccolato
食品

24 见102页地图，A4

老板来自巧克力师世家。店内洋溢着异域风情，猩红的墙面搭配古朴的黑木玻璃橱柜，厨房里飘出的香味令人难以抗拒，一排排手工巧克力精致可爱。热巧克力、巧克力奶、榛果慕斯和蛋奶酒慕斯等也能打包带走。（☎06 482 14 73; www.labottegadelcioccolato.it; Via Leonina 82; ⊙9:30~19:30; Ⓜ Cavour）

Abito
时装和饰品

25 见102页地图，A4

威尔玛·西尔维斯特（Wilma Silvestre）创立的当地品牌Le Gallinelle，典雅中透着个性，休闲又时尚。在这家位于蒙蒂的精品店里，你就可以买到由她设计的成衣。（☎06 488 10 17; www.legallinelle.it; Via Panisperna 61; ⊙周一至周六 11:00~20:00，周日 15:00~20:00; Ⓜ Cavour）

顶级景点
亚壁古道

到达

Ⓜ 🚌 从中央火车站乘坐地铁A线到Colli-Albani站下车，换乘公交车660路，在终点站下车即可。或从中央火车站搭乘地铁B线至Circo Massimo站，换乘118路公交车在Via Appia Antica站下车。

亚壁古道（Appian Way）被古罗马人誉为“Regina Viarum”（即“公路中的女王”），由亚壁·克劳狄乌斯·希瑟斯（Appius Claudius Caecus）兴建于公元前312年，故得名。最初长90公里，后于公元前190年扩建至亚得里亚海南岸的布林迪西（Brindisi）。这条古代的石砖干道如今风光优美，两侧有田园，有废墟，也有高大的松树，是罗马最不为人知的美丽秘境。

亚壁古道旁的纪念浮雕

马克森提乌斯别墅

公元4世纪时，马克森提乌斯皇帝在古道旁建造了一座规模极大的行宫，名为马克森提乌斯别墅（Villa di Massenzio）。行宫如今最醒目的遗迹就是下方的**马克森提乌斯竞技场**（Circo di Massenzio; Via Appia Antica 153; 🚌Via Appia Antica）。那是罗马保存最完好的古代赛车场，原本共设10,000个座位，起点处为参赛马车建造的隔间今天依稀可辨。马克森提乌斯在309年前后下令建造了这座竞技场，但直到去世都没能在这里看过一场比赛。

采齐利娅·迈特拉陵墓

采齐利娅·迈特拉陵墓（Mausoleo di Cecilia Metella; ☎06 3996 7700; www.coopculture.it; Via Appia Antica 161; 成人/优惠 含卡拉卡拉浴场和昆蒂利尼别墅 €6/3; ⌚周二至周日 9:00至日落前1小时; 🚌Via Appia Antica）外形好似一张大鼓，历史可以追溯到公元前1世纪，墓室上方原有屋顶。14世纪时，陵墓被卡耶塔尼（Caetani）家族改造成了一座堡垒，用以震慑古道上的过往车辆，收取“过路费”。

昆蒂利尼别墅

建于2世纪的**昆蒂利尼别墅**（Villa dei Quintili; ☎06 3996 7700; www.coopculture.it; Via Appia Nuova 1092; 成人/优惠 含卡拉卡拉浴场和采齐利娅·迈特拉陵墓 €6/3; ⌚周二至周日 9:00至日落前1小时; 🚌Via Appia Antica）如今耸立在一片绿色田野之上，是罗马鲜为人知的震撼建筑之一。别墅本是古罗马共同执政官昆蒂利尼兄弟二人为自己修建的奢华行宫，可惜树大招风，二人最终被皇帝康茂德（Commodus）杀害，别墅也被皇帝收为己用。别墅的浴场如今保存较好，可见昔日的浴池、热浴间（caldarium）以及冷浴间（frigidarium）。

☎06 513 53 16

www.parcoappiaantica.it

⌚信息站 夏季 9:30至日落，冬季 周一至周五 9:30~13:00和14:00~17:00，周六和周日9:30~17:00

🚌Via Appia Antica

☑ 独家贴士

▶骑自行车是探索亚壁古道最舒服的方式。古道北端有亚壁古道信息站（Info Point Appia Antica），可以去那里租车、拿地图。

▶信息站也销售**亚壁古道旅游卡**（Appia Antica Card; €6），有效期7天，持卡可免费游览沿线3个主要景点。

吃喝落脚点

可以去**Appia Antica Caffè**（Via Appia Antica 175; ⌚9:00至日落）喝杯咖啡或是啤酒休息一下，也有简单的小吃。也可以去**Il Giardino di Giulia e Fratelli**（Via Appia Antica 176; ⌚周二至周六 正午至15:00和19:00~23:30），在花园的橘树下享用一顿午餐。

0 400 m
0 0.2 miles
Aurelian Wall
奥勒良城墙
Via Cilicia
Via Latina
Via Appia Antica
APPIO-LATINO
Appia Antica Regional Park Information Point
亚壁古道国家公园信息中心
Marrana della Caffarella
Via della Caffarella
Via Appia Antica (Appian Way) 亚壁古道
Via Ardeatina
Catacombe di San Callisto
圣卡里斯托地下墓穴
Via delle Sette Chiese
Catacombe di Santa Domitilla
圣多米蒂拉地下墓穴
Via Appia Pignatelli
Basilica & Catacombe di San Sebastiano
大教堂及圣塞巴斯蒂安地下墓穴
Villa di Massenzio
马克森提乌斯别墅
Mausoleo di Cecilia Metella
采齐利娅·迈特拉陵墓
APPIO PIGNATELLI
Via Ardeatina
去Villa dei Quintili 昆蒂利尼别墅(3km)

圣塞巴斯蒂安教堂和地下墓穴

圣塞巴斯蒂安地下墓穴（Catacombe di San Sebastiano；☎06 785 03 50；www.catacombe.org；Via Appia Antica 136；成人/优惠 €8/5；⏲1月至11月 周一至周六 10:00~17:00；🚌Via Appia Antica）复杂犹如迷宫，因为靠近一个洞穴，时人便用希腊语"kata"（意为"近"）和"kymbas"（"穴"）两词为其命名，这也是英文"地下墓穴"（catacombe）一词的由来。公元258年，皇帝维斯帕先开始迫害基督徒，为了保护圣彼得和圣保罗两位圣徒的遗体，基督徒把他们偷运到了这座墓穴中存放，后来这里就成了一个著名的朝圣地。墓穴上方有一座**圣塞巴斯蒂安教堂**（Basilica di San Sebastiano；Via Appia Antica 136；⏲8:00~13:00和14:00~17:30；🚌Via Appia Antica），原建于4世纪，今天看到的建筑主要重建于17世纪。据说圣塞巴斯蒂安就是绑在柱子上被乱箭射死的，在教堂内的圣物礼拜堂（Capella delle Reliquie）中你就可以看到其中一支箭和那根柱子。教堂另一侧有一块大理石板，上有耶稣的足印。

圣卡里斯托地下墓穴

圣卡里斯托地下墓穴（Catacombe di San Callisto；☎06 513 01 51；www.catacombe.roma.it；Via Appia Antica 110-126；成人/优惠 €8/5；⏲3月至次年1月 周四至周二 9:00至正午和14:00~17:00；🚌Via Appia Antica）建于公元2世纪末，随后被刚刚诞生的罗马教廷当作了"官方"公墓。仅目前探测过的墓道，长度就足有20公里。经考古学家发掘，里面安息着16位教皇、数十位殉道者和数以千计的基督徒，堪称罗马规模最大、"入住率"最高的地下墓穴。

圣多米蒂拉地下墓穴

神奇的**圣多米蒂拉地下墓穴**（Catacombe di Santa Domitilla；☎06 511 03 42；www.domitilla.info；Via delle Sette Chiese 282；成人/优惠 €8/5；⏲1月中旬至12月中旬 周三至周一 9:00至正午和14:00~17:00；🚌Via Appia Antica）总长约17公里，论规模和历史在罗马都数一数二。弗拉维亚·多米蒂拉（Flavia Domitilla）是皇帝图密善的侄女，来自富有的弗拉维亚家族，这片地下墓穴以她的坟墓为基础建设而成，内有基督教壁画和一座鬼气森森的地下双圣教堂（Chiesa di SS Nereus e Achilleus）。

探索

圣若望和西里欧

市中心东南的圣若望地区（San Giovanni）是一大片宜人的居民区，雄伟的拉特朗圣若望教堂是那里首屈一指的景点。附近的西里欧山（Caelian）是罗马七丘之一，立于古罗马斗兽场南边。整片地区宁静典雅，绿意盎然，一座座中世纪教堂点缀其间，是躲避喧嚣的理想之地，只不过晚上略显冷清。

一日游行程

圣若望地区主要是住宅区，**拉特朗圣若望教堂**（见116页）是这一区的核心景点和地标，先去那里。教堂紧邻地铁站，内外都很壮观。探索过了教堂以及周边的广场，沿Via di San Giovanni in Laterano朝古罗马斗兽场方向走，下坡终点附近有一座**圣克莱门特教堂**（见119页），那里的地下古迹又吓人又有趣。午餐应选择温馨的**Cafè Cafè**（见121页）。

下午步行前往古罗马斗兽场南边绿油油的西里欧山。这一带虽然没有什么景点，但**伽利蒙塔纳别墅**（见120页；见114页图片）周边的绿地风景秀丽，是躲避喧嚣的好地方。既然到了这里，不妨去**古罗马民居遗址**（见120页）看看基督教殉道者曾经的家园。

晚上先去人气餐厅**Divin Ostilia**（见121页）吃晚餐，然后选择一家葡萄酒吧喝一杯。**Bibenda Wine Concept**（见122页）有多种陈酿葡萄酒，**Il Pentagrappolo**（见122页）则有惬意的氛围和现场音乐演出，都不错。

顶级景点

拉特朗圣若望教堂（见116页）

罗马最佳

历史

圣克莱门特教堂（见119页）

古罗马民居遗址（见120页）

拉特朗圣若望教堂（见116页）

饮食

Aroma（见121页）

酒吧和夜生活

Bibenda Wine Concept（见122页）

建筑

拉特朗圣若望教堂（见116页）

到达和离开

公交车 85路和87路公交车等都在拉特朗圣若望教堂附近设站，714路站点遍及圣若望地区。

地铁 可乘坐地铁A线前往圣若望地区。

有轨电车 3路有轨电车从圣若望地区出发，沿Viale Aventino行进，经泰斯塔乔，一路驶入特拉斯特沃。

顶级景点

拉特朗圣若望教堂

这座雄伟恢宏的大教堂在过去一千年里可谓基督教世界最重要的一座教堂。其历史可以追溯到4世纪，是罗马第一座宗座圣殿教堂。14世纪末以前，这里也是教皇的御用教堂，今天仍是罗马主教（也就是教皇）的宗座所在。

见118页地图，E3

Piazza di San Giovanni in Laterano 4

教堂/回廊 免费/€5 含语音导游

7:00~18:30，回廊 9:00~18:00

M San Giovanni

拉特朗圣若望教堂内部

回廊

宁静可爱的回廊位于圣坛左侧，建于13世纪。中央是一座花园，四周立有优雅的螺旋状石柱。回廊内陈列着原教堂建筑的大理石残片，包括5世纪教皇御座的遗迹和两条教皇法旨碑文。

教堂立面

教堂威严宏伟的立面外墙由亚利桑德罗·伽利略（Alessandro Galilei）操刀设计，堪称巴洛克风格晚期的典范，上立15尊7米高的雕像，分别是耶稣基督、施洗约翰、福音传道者约翰以及耶稣的十二门徒。巨大的石柱中间是5扇教堂大门，门后就是外廊。正当中的青铜大门来自古罗马广场上的元老院，最右面一扇叫圣门，只有在大赦年才会开启。

教堂内部

教堂内部空间巨大，1650年大赦期间，博罗米尼对其进行了重新设计，今天所见几乎就是他的手笔。头上是镀金天花板，脚下是15世纪的镶嵌画地板，中厅宽阔，周围立有18世纪的圣徒雕塑。

中厅后部即是教皇圣坛，圣坛上方是一座哥特风格的祭坛华盖，装饰异常精细，可追溯到14世纪。据说圣坛内藏有圣彼得和圣保罗两位圣徒的头颅（天主教堂圣坛内必须放置殉道者遗骸，有的置于圣骨匣中，然后放到圣坛下，有的直接放置在石质圣坛内部）。华盖前方有一条双分平行楼梯，通往下方的忏悔室和教皇马丁五世（Pope Martin V；1417~1431年在位）的坟墓。

在教堂的另一端右手边过道的第一根石柱上，有一幅不完整的壁画，出自乔托（Giotto）之手。旁边那根石柱上可见教皇西尔维斯特二世（Pope Sylvester II；999~1003年在位）的衣冠冢，据说每当有教皇即将离世，石棺便会吱呀作响，参观时一定仔细听听。

☑ 独家贴士

▶ 低头亦有发现：教堂的镶嵌画地板本身就是一件奇妙的艺术品。

▶ 回廊内有一块斑岩石板。据说基督被钉上十字架之后，罗马士兵就是在这块石板上抓阄瓜分基督衣物的（其事见于《马太福音》）。

▶ 右手边过道第一根石柱上的壁画由乔托创作，值得一看。

▶ 外廊右侧设有游客信息中心，开放时间是9:00~17:00。

吃喝落脚点

教堂附近没有什么值得推荐的餐馆。参观之后想吃午餐，最好往山下的斗兽场方向走，那里有两家可选：Il Bocconcino（见122页）是地道的意式小馆，Cafè Cafè（见121页）有美味的咖啡馆简餐。

SAN GIOVANNI
圣若望
CELIO
西里欧
Basilica di San Giovanni in Laterano
拉特朗圣若望教堂
Santuario della Scala Santa & Sancta Sanctorum
圣阶教堂和至圣小堂
Basilica di San Clemente
圣克莱门特教堂
Basilica dei SS Quattro Coronati
四圣徒教堂
Chiesa di Santo Stefano Rotondo
圣司提反教堂
Villa Celimontana
伽利蒙塔纳别墅
Case Romane
古罗马民居遗址
Piazza di San Giovanni in Laterano
拉特朗圣若望广场
Obelisk
方尖碑
详细介绍请见
顶级景点 116页
景点 119页
就餐 121页
饮品 122页
购物 123页
Viale Manzoni
Via Emanuele Filiberto
Via Merulana
Via Labicana
Via di San Giovanni in Laterano
Via dei Santi Quattro
Via di Santo Stefano Rotondo
Via dell'Amba Aradam
Via Magna Grecia
Via della Navicella
Via Claudia
Via Celio Vibenna
Piazza del Colosseo
Colosseo
Manzoni
San Giovanni
Piazza di Porta San Giovanni
Piazzale Appio
Piazza di San Clemente
Piazza dei Santi Giovanni e Paolo
Clivo di Scauro
Viale del Parco del Celio
Parco del Colle Oppio
Via della Domus Aurea
Via N Salvi
Via Capo d'Africa
Via Cellimontana
Via dei Querceti
Via M Aurelio
Via Annia
Via Ostilia
Via della Croce
Via Tasso
Via Boiardo
Via Ariosto
Via Galilei
Via Alfieri
Via Statilia
Via di Quintino
Via Nino Bixio
Via Mecenate
Via A Poliziano
Via Carlo Botta
Via Guicciardini
Via Ruggero Bonghi
Via Muratori
Via Crescimbeni
Piazza Iside
Via P Villari
Via di Sant'Erasmo
Via de Ferratella in Laterano
Via Ipponio
Via Sannio
Via Veio
Via Amiterno
Piazza Porta Metronia
Piazzale Metronia
Via Metronia
Via di Valle delle Camene
Parco di Porta Capena
Viale delle Terme di Caracalla
400 m
0.2 miles

圣克莱门特教堂中的马赛克镶嵌画

景点

圣克莱门特教堂

宗座圣殿

1 见118页地图，B2

这座迷人教堂最能展现罗马跌宕起伏的历史，每个时代的故事都在这栋多层建筑上留下了烙印：今天可见的这座圣殿教堂建于12世纪，下面埋有一座4世纪时的教堂遗迹，再往下还有一座2世纪密特拉神庙（见122页）和1世纪罗马民居遗迹，最底层的地基则可以追溯到古罗马共和国时期。(Basilica di San Clemente; www.basilicasanclemente.com; Piazza San Clemente; 遗迹参观 成人/优惠 €10/5; ⏲周一至周六 9:00~12:30和15:00~18:00, 周日 12:15~18:00; 🚌Via Labicana)

圣司提反教堂

教堂

2 见118页地图，B3

教堂正面设有外廊，内部是石柱支撑的圆形结构。四周地界为教堂所有，无闲人喧嚣，安静得吓人。但更吓人的是内部的壁画。这些壁画创作于16世纪，描绘了早期基督徒殉道者遭受的种种酷刑。1846年，参观过这些壁画的查尔斯·狄更斯写道："此等恐怖血腥的画面铺天盖地，是正常人都难以想象的，哪怕他有晚餐生吃整猪的铁石肚肠。"(Chiesa di Santo Stefano Rotondo; www.santo-stefano-rotondo.it; Via di Santo Stefano Rotondo 7; ⏲冬季 10:00~13:00和14:30~17:30, 夏季 10:00~13:00和15:30~18:30; 🚌Via Claudia)

圣阶教堂和至圣小堂

基督教遗址

3 见118页地图，E2

圣阶教堂并非教堂，主体结构就是一段28级的台阶，相传本是罗马帝国犹太总督彼拉多（Pontius Pilate）宫殿前的台阶，耶稣当年曾沿着这条台阶走进宫殿接受审问，最终被彼拉多处死。4世纪时，圣阶被圣海伦娜（St Helena）运回了罗马。朝圣者认为圣阶具有神力，因此会一级一级的跪爬上去，每爬一级便要祈祷一次。台阶顶部是一个铁格栅门，门后是至圣小堂。这座小教堂装饰富丽，曾是教皇的御用礼拜堂。（Santuario della Scala Santa & Sancta Sanctorum；www.scala-santa.it；Piazza di San Giovanni in Laterano 14；圣阶免费，至圣小堂 含/不含语音导游 €5/3.50；⌚圣阶 夏季 6:00~14:00和15:00~19:00，冬季 至18:00，至圣小堂 周一至周六 9:30~12:45和15:00~16:45；Ⓜ San Giovanni）

伽利蒙塔纳别墅

公园

4 见118页地图，B4

别墅建于16世纪，现为意大利地理学会所在地，南侧立有一个12多米高的埃及方尖碑。别墅周边是一片绿树成荫的公园，绿油油的草坪与五颜六色的花坛相得益彰，最适合来此享用夏季野餐，躲避喧嚣。（Villa Celimontana；⌚7:00至日落；🚌Via della Navicella）

古罗马民居遗址

基督教遗址

5 见118页地图，A3

传说若望与保罗两位圣徒本是古罗马的两名士兵，因为信奉基督教被皇帝尤里安（Julian）斩首。今天，**西里欧山圣若望及圣保罗教堂**（Basilica dei SS Giovanni e Paolo al Celio；Piazza dei Santi Giovanni e Paolo；⌚8:30至正午和15:30~18:00；🚌Via Claudia）地下保留有古罗马民居遗址，据说就是两位圣徒当年居住的房子。这一说法并无事实佐证，但研究发现房内的确有祭拜基督的遗迹。整片地下遗址共有20多间房间，其中许多都装饰华丽。遗址入口位于教堂侧面的Clivo di Scauro街上。（Case Romane；☎06 7045 4544；www.caseromane.it；Clivo di Scauro；成人/优惠 €8/6；⌚周四至周一 10:00~13:00和15:00~18:00；🚌Via Claudia）

四圣徒教堂

宗座圣殿

6 见118页地图，C2

教堂设有防御工事，外表慑人，里面藏着一些13世纪创作的漂亮壁画。从左手边的过道走出去，还能找到一条隐秘而美妙的回廊。壁画位于圣西尔维斯特祈祷室（Oratorio di San Silvestro）里，描绘了《君士坦丁御赐教产谕》（见121页）背后的故事。这份臭名昭著的“伪造文件”假托君士坦丁大帝之名，将罗马以及西罗马帝国的控制权拱手赐予了教皇西尔维斯特一世（即圣西尔维斯特）。想进入祈祷室参观，请在教堂入口庭院处按铃。（Basilica dei SS Quattro Coronati；☎06 7047 5427；Via dei Santi Quattro 20；回廊 €2，圣西尔维斯特祈祷室 €1；⌚教堂 6:30~12:45和15:30~20:00，回廊 周一至周六 9:45~11:45和15:45~17:45；

了解当地

《君士坦丁御赐教产谕》

《君士坦丁御赐教产谕》(*Donation of Constantine*)是中世纪时期最著名的一份伪造文件，假托君士坦丁皇帝之名，将罗马和西罗马帝国的控制权，以及安提俄克(Antioch)、亚历山大城、君士坦丁堡、耶路撒冷等所有教会(这些城市的教会此前具有独立裁决权，不受罗马教廷左右)的裁决权，赐予了教皇西尔维斯特一世(Pope Sylvester I; 314~335年在位)及其继任者。

关于这份文件的伪造时间，今人无法确定，但普遍认为是在8世纪中末期，伪造者应该是罗马的一位神职人员，并且很可能得到了当时教皇司提反二世(Pope Stephen II; 752~757年在位)的默许。

数百年间，人们并未怀疑这份圣谕的真实性，历任教皇也都据此裁决领土纠纷，直到1440年，才被意大利哲学家洛伦佐·瓦拉(Lorenzo Valla)证明该圣谕系伪造。瓦拉对圣谕中所使用的拉丁文进行了分析，并明确指出了其与4世纪时的拉丁文存在出入。

Via di San Giovanni in Laterano)

就餐

Aroma

意式餐厅 €€€

7 见118页地图，B1

餐厅开在Palazzo Manfredi酒店的天台上，脚下古罗马斗兽场的景色让人一生难忘，更有米其林星级美食助兴，特别适合来此纪念特殊的日子。当家大厨朱塞佩·迪·艾奥里奥(Giuseppe Di Iorio)对于地中海料理满怀激情，烹饪精益求精，敢于大胆创新，菜单随季而变。(06 9761 5109; www.aromarestaurant.it; Via Labicana 125; 餐 €120~150; 12:30~15:00和19:30~23:30; Via Labicana)

Divin Ostilia

葡萄酒吧、意式小馆 €€

8 见118页地图，B1

葡萄酒吧中的“模范”，人气常年不减。内部环境温馨惬意，木货架上码放着酒瓶，高高的天花板砖石裸露。因为有名，饭点儿的时候会一座难求，菜式包括奶酪、熏肉、烤牛排以及经典意面。(06 7049 6526; Via Ostilia 4; 餐 €30~35; 正午至次日1:00; Via Labicana)

Cafè Cafè

法式小馆 €

9 见118页地图，B2

古罗马斗兽场周围的餐馆一般都没什么人情味，但这家法式小馆风格的咖啡馆截然不同，让人感觉轻松自在，宾至如归。店内摆放着乡村风格的木桌子，墙面是淡淡的棕黄色，还有葡萄酒瓶做装饰，非常迷人。可以来这儿享用培根煎蛋早餐、简食午餐、下午茶或是自制蛋糕，美美地饱餐一顿。(☎06 700 87 43; www.cafecafebistrot.it; Via dei Santi Quattro 44; 餐 €15~20; ⏲9:30~20:50; 🚌Via di San Giovanni in Laterano)

Il Bocconcino 拉齐奥菜 €€

10 见118页地图，B2

在游客味极重的古罗马斗兽场一带算是一个不错的选择。属于意式休闲餐厅，擅长地道的拉齐奥地方菜，食材讲究时令新鲜，就地取材。黑板上写着当天特价菜，也可以翻开菜单，在经典罗马风味意面、烤肉、鱼和创意甜品中选择。(☎06 7707 9175; www.ilbocconcino.com; Via Ostilia 23; 餐 €30~35; ⏲周四至周二 12:30~15:30和19:30~23:30; 🚌Via Labicana)

了解当地

密特拉教

密特拉教(Mithraism)是古罗马时代的一个地下宗教，在古代军队中传播极广。该宗教认为生命来自于一头野牛，太阳命令年轻英俊的密特拉将其杀掉。野牛的血使得小麦等植物得以生长，世间因而有了生机。

密特拉神庙(Mithraeums)遗址几乎全部建在地下或是洞穴中，这反映了洞穴在该宗教中是宇宙的象征。密特拉教的信徒必须在神庙中进行一系列复杂的入会仪式，吃掉象征公牛身体的面包，喝掉象征公牛血液的水。听起来是不是特别像基督教的弥撒圣祭？早期基督徒也觉得像，所以才与密特拉教势不两立。

饮品

Bibenda Wine Concept 葡萄酒吧

11 见118页地图，B2

一家时髦的意式葡萄酒吧(enoteca)，想给味蕾寻找新刺激的酒友们应该来试一试。内部以白色调为主，光线充足，长长的酒水单上既有当地意大利葡萄酒，也有欧洲其他国家的陈酿，此外还有一份短短的当日食品菜单。葡萄酒当场饮用论杯销售，也可整瓶买走。(☎06 7720 6673; www.wineconcept.it; Via Capo d' Africa 21; ⏲周一至周四 正午至15:00和18:00至午夜，周五和周六 至次日2:00，周六午餐时间和周日歇业; 🚌Via Labicana)

Il Pentagrappolo 葡萄酒吧

12 见118页地图，B2

一家灯光柔和的带有拱顶的葡萄酒吧。观光之后来这儿坐坐，让疲惫尽散。主顾们举止优雅，而且除了品酒，晚上常能欣赏到爵士乐和钢琴现场表演。午餐和晚餐时间也供应正餐。(☎06 709 63 01; Via Celimontana 21b; ⏲周一至周四 正午至

GIOVANNI BOSCHERINO/SHUTTERSTOCK ©

露天酒吧

15:00和18:00至次日1:00，周五至周日 18:00至次日2:00；Ⓜ Colosseo）

Coming Out

酒吧

13 见118页地图，B1

一家友好的同志酒吧。温暖的夜晚来这里小酌，看着街上往来不断的行人和远处的古罗马斗兽场，那种情调很难在别处找到。酒吧全天开放，但晚上最热闹也最精彩，不仅能喝到鸡尾酒，还有异装秀和卡拉OK之夜等活动。（☎06 700 98 71；www.comingout.it；Via di San Giovanni in Laterano 8；⏰7:30至次日2:00；🚌Via Labicana）

购物

Soul Food

音乐

14 见118页地图，C2

这家唱片店由Hate Records经营，店内毫无拘束之感，从20世纪60年代的车库摇滚（garage）和山区乡村摇滚（rockabilly），到朋克、独立乐、新浪潮、民谣、放克和灵魂乐，销售的黑胶唱片可谓不拘一格，包罗万象。你在这里也能找到复古T恤、乐迷杂志等纪念品。（☎06 7045 2025；www.haterecords.com；Via di San Giovanni in Laterano 192；⏰周二至周六 10:30～13:30和15:30～19:30；🚌Via di San Giovanni in Laterano）

当地生活
奥斯蒂恩瑟和圣保罗

奥斯蒂恩瑟(Ostiense)地区拥有一种后工业时代特有的粗犷火辣，到处都是张扬的街头艺术、前卫夜店和时尚酒吧。区内的一座大学给这里带来了人气，废弃的工厂如今摇身一变，成了夜生活的享乐场所。传统意义上的景点不多，但老发电站里的那座奇妙博物馆和世界第三大教堂不可不看。

到达

奥斯蒂恩瑟地区位于市中心以南Via Ostiense沿线。

Ⓜ 地铁可选择B线上的Piramide、Garbatella或Basilica San Paolo站。

🚌 公交车23路和716路在Via Ostiense上设站。

❶ 城外圣保罗教堂

第一站是世界第三大教堂——**城外圣保罗教堂**(Basilica di San Paolo Fuori le Mura; ☎06 6988 0803; www.basilicasanpaolo.org; Via Ostiense 190; 成人/优惠 €4/3; ⏲7:00~18:30; Ⓜ Basilica San Paolo)。原教堂在1823年发生火灾，但少量建筑组件得以幸免，包括一座建于5世纪的凯旋门(上面的镶嵌画得到了精心修复)和哥特风格的圣体龛。

❷ 加尔巴特拉

位于市郊的加尔巴特拉(Garbatella)是罗马最具个性的街区之一。20世纪20和30年代，当时的法西斯政府在罗马市中心大兴土木，于是在市郊规划了这样一片区域用以安置拆迁户，今天成了一片多彩缤纷的花园社区。

❸ 去Eataly吃午餐

Eataly(www.eataly.net; Piazzale XII Ottobre 1492; 餐 €10~50; ⏲商店 9:00至午夜，餐厅 通常正午至15:30和19:00~23:00; 📶; Ⓜ Piramide)是一个巨型美食广场，餐厅和咖啡馆多达19家，吃午餐就去那里。

❹ 欣赏河港街的街头艺术

沿着河港街(Via del Porto Fluviale)漫步，可以欣赏到罗马最具创造力的街头涂鸦。波伦亚艺术家布鲁(Blu)在奥斯蒂恩瑟那些废弃厂房的墙壁上留下了不少惊艳的壁画。

❺ 在Andreotti品尝咖啡和蛋糕

下午饿了，就去**Andreotti**(☎06 575 0773; www.andreottiroma.it; Via Ostiense 54; 糕点 €1.20起; ⏲7:30~22:00; 🚌Via Ostiense, Ⓜ Piramide)喝些咖啡，吃点蛋糕。当地电影导演弗森·殴兹派特(Ferzan Ozpetek)就是这家店的粉丝，据说在其多部电影中都用过这里的糕点做道具。

❻ 来蒙特马尔蒂尼中心博物馆看雕塑

蒙特马尔蒂尼中心博物馆(Museo Capitoline Centrale Montemartini; ☎06 06 08; www.centralemontemartini.org; Via Ostiense 106; 成人/优惠 €7.50/6.50，含卡比托利欧博物馆 €16/14，有效期7天; ⏲周二至周日 9:00~19:00; 🚌Via Ostiense)是卡比托利欧博物馆的分馆。所在建筑造型抢眼，原本是发电站，古老的雕塑作品与发动机、锅炉等相映成趣。

❼ 在Doppiozeroo享受餐前小食

Doppiozeroo(☎06 5730 1961; www.doppiozeroo.com; Via Ostiense 68; 餐 €15; ⏲7:00至次日2:00; 🚌Via Ostiense, Ⓜ Piramide)不但格调高雅，18:00~21:00的餐前小食自助餐更是出了名的丰盛，引得爱赶时髦的罗马人蜂拥而至。

❽ 泡吧蹦迪

奥斯蒂恩瑟绝对是蹦迪的天堂，坐镇的DJ水平一流，从nu-house到震耳欲聋的铁克诺，什么花样都有。Via Libetta周边聚集着许多时尚夜店，包括**Vinile**(www.vinileroma.it)、**Circolo Illuminati**(www.circolodegliilluminati.it)、**Goa**(www.goaclub.com)和**Neo Club**(www.piovra.it)。

探索

阿文提诺和泰斯塔乔

阿文提诺山（Aventino）风光秀丽，山脚下是雄伟的卡拉卡拉浴场遗址，山上是优雅的别墅行宫、葱郁的花园和肃穆的教堂。山顶马耳他别墅里的Via di Santa Sabina路上有一道圆门，刚好对着圣彼得大教堂的穹顶（上图），是罗马一大胜景。山下的泰斯塔乔区（Testaccio）曾是传统的工人阶级聚集区，现在则是夜生活的热门地，也是罗马料理的“大本营”。

一日游行程

卡拉卡拉浴场（见129页）是古罗马规模最大的浴场之一，应该先去那里，随后前往泰斯塔乔，品味罗马市井生活。和当地人一起逛逛**新泰斯塔乔市场**（见131页），然后到**Trapizzino**（见131页）打包一份午餐。

下午去参观**非天主教公墓**（见130页），凭吊安息在此的济慈和雪莱两位诗人，然后去攀登阿文提诺山。爬山虽然辛苦，但在山顶的**马耳他别墅**（见129页）却能"管中窥奇观"，**萨维利公园**（橘园，见130页）里的全景视野更是让人心醉。质朴的**圣萨比娜教堂**（见130页）也不容错过。

夜晚在泰斯塔乔消磨时光，可以先去**Flavio al Velavevodetto**（见131页）品尝上好的罗马菜，再去**Conte-Staccio**（见133页）听一场现场音乐演出，尽情放松。

罗马最佳

历史

卡拉卡拉浴场（见129页）

饮食

Da Felice（见131页）

Flavio al Velavevodetto（见131页）

Mordi e Vai（见131页）

Trapizzino（见131页）

建筑

卡拉卡拉浴场（见129页）

圣萨比娜教堂（见130页）

购物

Volpetti（见133页）

新泰斯塔乔市场（见131页）

文化

ConteStaccio（见133页）

到达

公交车 可乘坐714路前往卡拉卡拉浴场。

地铁 前往泰斯塔乔，可乘坐地铁B线在Piramide站下车。阿文提诺可从泰斯塔乔或Circo Massimo站（B线）步行前往。

有轨电车 3路有轨电车从圣若望出发，沿Viale Aventino行进，经泰斯塔乔，最终到达特拉斯特沃。

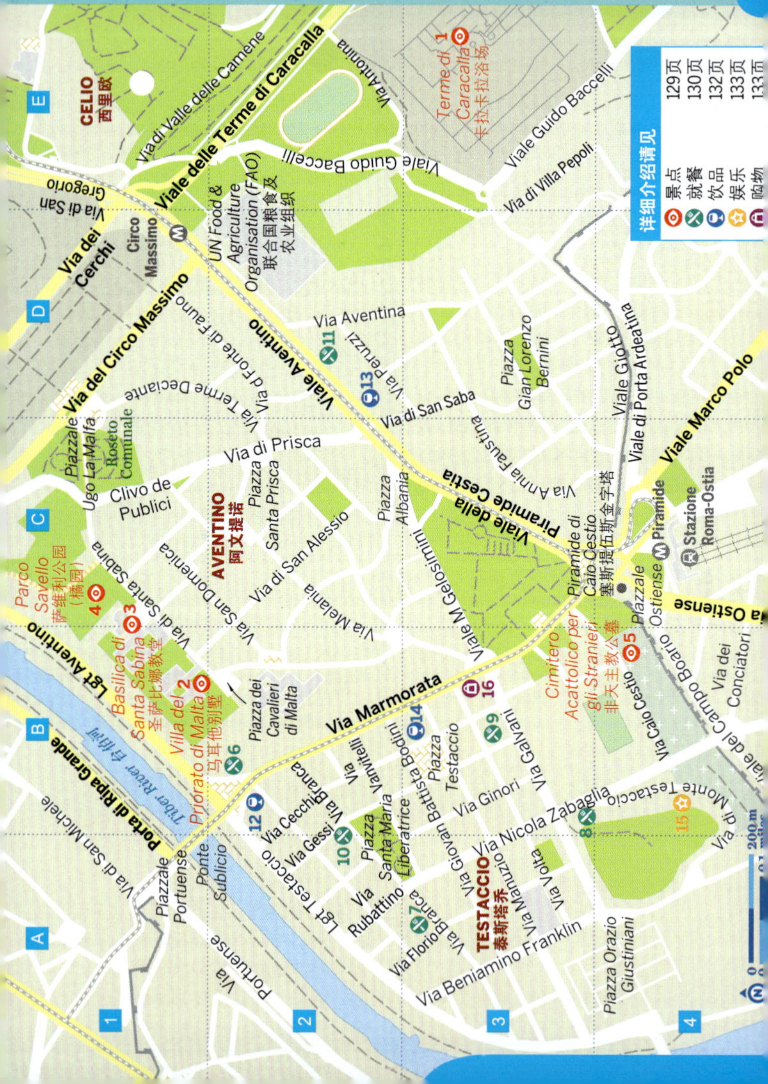

详细介绍请见
景点 129页
就餐 130页
饮品 132页
娱乐 133页
购物 133页
CELIO
西里欧
AVENTINO
阿文提诺
TESTACCIO
泰斯塔乔
Terme di Caracalla
卡拉卡拉浴场
Parco Savello
萨维利公园
（橘园）
Basilica di Santa Sabina
圣萨比娜教堂
Villa del Priorato di Malta
马耳他别墅
Piramide di Caio Cestio
塞斯提伍斯金字塔
Cimitero Acattolico per gli Stranieri
非天主教公墓
UN Food & Agriculture Organisation (FAO)
联合国粮食及农业组织
Circo Massimo
Piazzale Ugo La Malfa
Roseto Comunale
Clivo de Publici
Piazza Santa Prisca
Piazza Albania
Piazza Gian Lorenzo Bernini
Piazza dei Cavalieri di Malta
Piazza Testaccio
Piazza Santa Maria Liberatrice
Piazzale Portuense
Ponte Sublicio
Piazzale Ostiense
Piramide
Stazione Roma-Ostia
Piazza Orazio Giustiniani
Tiber River 台伯河
Via di San Gregorio
Via dei Cerchi
Via del Circo Massimo
Viale delle Terme di Caracalla
Via di Valle delle Camene
Viale Guido Baccelli
Via Antonina
Via di Villa Pepoli
Viale Aventino
Via Aventina
Via Peruzzi
Via di San Saba
Via Annia Faustina
Viale Giotto
Viale di Porta Ardeatina
Viale Marco Polo
Viale della Piramide Cestia
Via d Fonte di Fauno
Via Terme Deciane
Via di Prisca
Via di San Alessio
Via di Santa Sabina
Via San Domenica
Via Melania
Viale M Gelsomini
Via Marmorata
Lgt Aventino
Porta di Ripa Grande
Via di San Michele
Via Portuense
Lgt Testaccio
Via Cecchi
Via Gessi
Via Branca
Via Vanvitelli
Via Rubattino
Via Giovan Battista Bodini
Via Florio
Via Ginori
Via Galvani
Via Nicola Zabaglia
Via Manuzio
Via Volta
Via Beniamino Franklin
Via Caio Cestio
Via di Monte Testaccio
Via del Campo Boario
Via dei Conciatori
Via Ostiense
A B C D E
1 2 3 4
200 m
0.1 miles

VIACHESLAV LOPATIN/SHUTTERSTOCK ©

卡拉卡拉浴场遗址

景点

卡拉卡拉浴场 考古遗址

1 见128页地图，E3

这里本是皇帝卡拉卡拉修建的宏伟浴场，现在是罗马最具震撼力的古代遗迹之一。浴场开放于公元216年，最初占地10公顷，由洗浴区、健身区、图书馆、商店和花园组成，每天接待顾客多达8000人。但大部分建筑如今已灰飞烟灭，唯独中央主浴宫保存较为完好。主浴宫原是一栋雄伟的方形建筑，两侧各设一个健身房（叫“palestre”），宫内设温浴室（tepidarium）、热浴室（caldaria；上有穹顶）和冷浴室（frigidarium；位于浴宫中央），罗马人当年会按温、热、冷的顺序依次享受。（Terme di Caracalla；☎06 3996 7700；www.coopculture.it；Viale delle Terme di Caracalla 52；成人/优惠 €6/3；⏲周二至周日 9:00至日落前1小时，周一 9:00~14:00；🚌Viale delle Terme di Caracalla）

马耳他别墅 历史建筑

2 见128页地图，B1

这是马耳他骑士团（Cavalieri di Malta）位于罗马的总部。面前是一片柏树成荫的华丽广场，里面藏着罗马一大胜景——“管中窥奇观”：别墅有一道绿色圆门，一条小路从中而过，两侧设有树篱，透过圆门向远方望去，圣保罗大教堂的穹顶不偏不倚，直入眼帘。（Villa del Priorato di Malta, Villa Magistrale; Piazza dei Cavalieri di

Malta; 🚌Lungotevere Aventino)

圣萨比娜教堂

宗座圣殿

3 👁 见128页地图，C1

罗马最美的基督教早期教堂之一，外表庄严肃穆，由伊利里亚的彼得（Peter of Illyria）建立于公元422年前后。9世纪时扩建，1216年再次扩建，紧接着便被新成立的多明我会接管。教堂中厅的地板上可见多明我会创立者之一姆诺兹·德·萨莫拉（Muñoz de Zamora）的墓碑。20世纪的修复工作使教堂风貌如初。（Basilica di Santa Sabina; ☎06 57 94 01; Piazza Pietro d' Illiria 1; ⏲8:15~12:30和15:30~18:00; 🚌Lungotevere Aventino）

萨维利公园

公园

4 👁 见128页地图，C1

这里外有围墙，内如浪漫天堂，罗马人称其为"橘园"（Giardino degli Aranci）。公园当中有一条路，两边皆是高大的伞松（也叫石松）和开着花的橘树。日落时俯瞰罗马城，远眺圣彼得大教堂的穹顶，景象尤其神奇。（Parco Savello; Via di Santa Sabina; ⏲10月至次年2月 7:00~18:00，3月和9月 至20:00，4月至8月 至21:00; 🚌Lungotevere Aventino）

非天主教公墓

公墓

5 👁 见128页地图，B4

公墓绿意浓浓，虽然被公路包围，置身其间却感受不到喧嚣。柏树和墓碑之下，安息着近4000名逝者，其中包括济慈、雪莱两位诗人，以及意大利政治思想家安东尼奥·葛兰西（Antonio Gramsci），空气中弥漫着"大游学"时代特有的浪漫气息。美国艺术家威廉·维特墨·斯托瑞（William Wetmore Story）妻子的墓也在这里，上有1894年他为爱妻创作的雕塑《悲伤天使》（*Angelo del Dolore*），这尊屡受后世效仿的雕塑同样不容错过。（Cimitero Acattolico per gli Stranieri; www.cemeteryrome.it; Via Caio Cestio 5; 自愿捐赠 €3; ⏲周一至周六 9:00~17:00，周日 至13:00; Ⓜ Piramide）

就餐

Romeo e Giulietta

意式餐厅、比萨 **€€**

6 🍴 见128页地图，B2

罗马头号名厨克里斯蒂娜·博沃曼（Cristina Bowerman）最近把一个汽车展厅打造成了这个时尚的美食广场。**Romeo Chef & Baker**（☎06 3211 0120; https://romeo.roma.it; 餐 €40; ⏲10:00至次日2:00）是里面的王牌，融高端熟食店、鸡尾酒吧与餐厅于一体，供应新派意大利菜和国际美食。**Giulietta Pizzeria**（☎06 4522 9022; https://giuliettapizzeria.it; 比萨 €6.50~12; ⏲每天 19:00至午夜，周六和周日 正午至15:00）也不差，主打时令木烤比萨。不远处还有一家精品意式手工冰激凌店**Frigo**。（Piazza dell' Emporio 28; 🚌Via Marmorata）

Trapizzino 快餐 €

7 见128页地图，A3

一家快餐连锁，分店在意大利越开越多，老店就在这里。"trapizzino"既是店名，也是其独创的一种食物，意思是"比萨三明治"，其实就是在漏斗一样的佛卡夏面包里塞上馅儿，面包松软可口，馅料有番茄酱肉丸（polpette al sugo）、炖鸡肉（pollo alla cacciatore）等口味可选。吃像会比较邋遢，但味道超好。（06 4341 9624；www.trapizzino.it；Via Branca 88；比萨三明治 €3.50起；周二至周日 正午至次日1:00；Via Marmorata）

Flavio al Velavevodetto 罗马菜 €€

8 见128页地图，B3

这家店开在泰斯塔乔山腰上一栋古朴的深红色别墅中，那是一座用古罗马的双耳罐碎片堆出来的人造山。这家自在随意的餐馆擅长简单实在的罗马料理（cucina romana），有奶酪、熏肉、炸货这种开胃菜，也有大份儿的自制意面和"简单粗暴"的肉菜。（06 574 41 94；www.ristorantevelavevodetto.it；Via di Monte Testaccio 97-99；餐 €30~35；12:30~15:00和19:45~23:00；Via Galvani）

Da Felice 罗马菜 €€

9 见128页地图，B3

一家历史悠久的老字号，坚持罗马菜传统。主顾既有当地的美食达人，也有衣着光鲜的生面孔。内部装潢略感现代，可菜单上的饭菜绝对是老味道。主菜一周七天，天天不同——这也是罗马菜的老规矩——周二是意面配豆子（pasta e fagioli），周四是炖牛肉（bollito di manzo），周五主打鱼类。必须提前订位。（06 574 68 00；www.feliceatestaccio.it；Via Mastro Giorgio 29；餐 €30~40；正午至15:00和19:30~23:00；Via Marmorata）

Pizzeria Da Remo 比萨 €

10 见128页地图，A2

全城最著名、最热门的比萨餐厅之一，拥挤嘈杂，带给你最地道的罗马体

当地生活

新泰斯塔乔市场

泰斯塔乔地区的**新泰斯塔乔市场**（Nuovo Mercato di Testaccio；Via Galvani、Via Beniamino Franklin、Via Volta、Via Manuzio和Via Ghiberti等街上都有入口；周一至周六 7:00~15:30；Via Marmorata）上午非常热闹，许多当地人都来这儿购买农副产品、鞋子和衣物。里面有几个摊位销售超级美味的小吃，比如走精品路线的**Cups**（Box 44；菜肴 €5~8；周一至周六 8:00~16:00；Via Galvini）和主打传统的**Mordi e Vai**（www.mordievai.it；Box 15；帕尼尼 €3.50~5；周一至周六 8:00~15:00；Via Galvani）。

验。以油炸食物为主的开胃菜和罗马风味薄皮比萨，引得这家几乎不经装修的店每天都热闹非凡。20:30之后来估计就要等位。（☎06 574 62 70; Piazza Santa Maria Liberatrice 44; 餐 €15; ⏲周一至周六 19:00至次日1:00; 🚌Via Marmorata）

Il Gelato

意式冰激凌店 €

11 见128页地图，D2

位于阿文提诺，老板是罗马冰激凌大王克劳迪欧·托塞（Claudio Torcè）。原料讲究应季，绝不添加任何防腐剂，除了经典口味，还有绿茶、戈贡佐拉干酪（gorgonzola）这种新奇花样。想试试吗？（Viale Aventino 59; 意式冰激凌 €2~4.50; ⏲夏季 10:00至午夜，冬季 11:00~21:00; 🚌Viale Aventino）

饮品

Rec 23

酒吧

12 见128页地图，B2

这家灵感来源于纽约的酒吧，宽敞的空间采用裸露的砖墙和混搭的家具装饰，提供餐前小食、正餐，周末还有早午餐，不论何种心境的顾客在这里都能自得其乐。鸡尾酒的种类也非常多，渴了不妨来一杯"Bud Spencer"，口重的可以试试苏格兰威士忌和拉美朗姆酒。每周四推出的"蓝调餐前小食"很有人气，可以边喝边吃边听。（☎06 8746 2147; www.rec23.com; Piazza dell' Emporio 2; ⏲每天 18:30至次日2:00，周六和周日 12:30~15:30; 🚌Via Marmorata）

独家贴士

古迹中听歌剧

罗马歌剧院（Teatro dell' Opera; www.operaroma.it）推出的夏季系列演出，将音乐、歌剧和芭蕾搬到了雄伟的卡拉卡拉浴场（见129页）遗址中。

Casa Manfredi

咖啡馆

13 见128页地图，D2

这家漂亮时髦的咖啡馆位于富人扎堆的阿文提诺地区，内部装饰着闪闪发光的玻璃，悬挂着枝形吊灯，主顾多是衣着光鲜的当地人。可以进来喝一杯咖啡小坐一会，也可以到门口露天享受简单的午餐，晚上还有精致的餐前小食供应。咖啡馆也有多种美味的精品意式冰激凌可选。（☎06 9760 5892; Viale Aventino 93; ⏲7:00~21:00; 🚌Viale Aventino, 🚋Viale Aventino）

L' Oasi della Birra

酒吧

14 见128页地图，B3

Palombi Enoteca是泰斯塔乔广场（Piazza Testaccio）上的一家老字号葡萄酒商店，里面的这家酒吧叫"啤酒绿洲"，名字相当贴切。所售啤酒共有数百种，从德国的烈性啤酒到英国的淡啤，再到比利时啤酒，可谓应有尽有。此外也供应葡萄酒、奶酪和冷餐肉。不管是在狭窄的酒窖

意式冰激凌

里，还是在广场旁边的露天就餐区，晚上来这儿包管你喝到尽兴。（☎06 574 61 22；Piazza Testaccio 41；⏰16:00至次日00:30；🚌Via Marmorata）

娱乐

ConteStaccio

现场音乐

15 ⭐ 见128页地图，B4

外有星空露台，内有火爆氛围，即便开在泰斯塔乔夜店一条街上，仍算其中的佼佼者。本身是一个融鸡尾酒吧、比萨屋、餐厅于一体的“多面手”，但免费的现场音乐演出最有名气。主推新晋乐队，独立乐、摇滚、不插电、放克和电子乐都有涉及。（☎06 5728 9712；www.contestaccio.com；Via di Monte Testaccio 65b；⏰周四至周日 20:00至次日4:00；🚌Via Galvani）

购物

Volpetti

食品

16 🔒 见128页地图，B3

被许多人认为是罗马最好的熟食店，荟萃精品美食，种类丰富。臭臭的奶酪、自制的意面、橄榄油、醋、熏肉、素食馅饼、葡萄酒、格拉帕酒（grappa）无所不包，更有热心的店员帮你挑选。论片销售的比萨也很好。（www.volpetti.com；Via Marmorata 47；⏰周一至周三 8:30~14:00和16:30~20:15，周四至周六 8:30~20:15；🚌Via Marmorata）

探索

特拉斯特沃和贾尼科罗

脚下是古老的石砖小巷，身旁是赭红的宫殿宅邸，眼前可见蔓藤遍体的建筑，空气中散发着文艺气质，固守时尚潮流前线的特拉斯特沃（Trastevere；见上图）堪称罗马最生机勃勃的街区之一。背街胡同乱得像是迷宫，但散发着不同寻常的美。里面的餐厅、咖啡馆和酒吧一到晚上便会人山人海。背后就是贾尼科罗山（Gianicolo Hill），山顶景色非凡。

一日游行程

先去**特拉斯特沃圣塞西莉亚教堂**（见141页），向这位音乐的守护圣徒致敬。然后前往特拉斯特沃圣玛丽亚教堂广场，参观这一带最不能错过的景点**特拉斯特沃圣玛丽亚教堂**（见136页）。接下来去建于文艺复兴时代的**法尔内西纳别墅**（见142页），那里华丽犹如宫殿，内有拉斐尔的著名壁画。

在**Da Enzo**（见143页）吃过午餐后往回走，参观**科西尼宫画廊**（见141页）。随后到附近的**植物园**（见142页），花1小时左右的时间放松身心。之后爬到**贾尼科罗山**（见143页）山顶，俯瞰壮美的罗马城景。

晚餐去老牌意式小馆**Da Teo**（见144页）品尝罗马人气菜肴，接着到**Fior di Luna**（见143页）用手工意式冰激凌犒劳自己。喜欢啤酒的人不妨去**Bir & Fud**（见145页）试试那里的精酿啤酒。

想体验特拉斯特沃和贾尼科罗的夜生活，见138页。

顶级景点

特拉斯特沃圣玛丽亚教堂（见136页）

当地生活

特拉斯特沃和贾尼科罗的夜生活（见138页）

罗马最佳

饮食

Da Augusto（见139页）

Da Enzo（见143页）

Fior di Luna（见143页）

酒吧和夜生活

Freni e Frizioni（见139页）

Pimm' s Good（见145页）

到达

有轨电车 8路有轨电车从Largo di Torre Argentina前往多利亚潘菲利别墅。3路有轨电车在Viale Trastevere南端设站，可在那里换乘前往泰斯塔乔地区（Via Marmorata沿线）、古罗马斗兽场、圣若望地区和波格赛别墅。

公交车 从中央火车站乘坐公交车H路或从Piazza Venezia乘坐780路，都能到达区内的Viale di Trastevere。前往贾尼科罗山，可以从Via G Mameli沿一条陡峭的台阶爬上去，怕累的话也可以在Piazza della Rovere搭乘870路。

顶级景点

特拉斯特沃圣玛丽亚教堂

特拉斯特沃圣玛丽亚教堂（Basilica di Santa Maria in Trastevere）外表光芒四射，据说是罗马最古老的圣母教堂。正面外墙上保留有一幅美丽的中世纪镶嵌画，画中圣母正在哺育初生的耶稣，身旁有10名女性持灯侍立。其中2人头戴面纱，手中灯灭，象征她们丧夫，其余亮灯的8人则是处子之身。

见140页地图，B3

06 581 4802

特拉斯特沃圣玛利亚广场

9月至次年7月 7:30~21:00，8月 8:00至正午和16:00~21:00

Viale di Trastevere，jViale di Trastevere

特拉斯特沃圣玛丽亚教堂的正面外墙和柱式护栏

建筑历史

教堂原建于3世纪早期，传说所在地曾发生过“大地喷油”的神迹。今天其罗马式的建筑风格——包括钟楼以及亮丽的正面外墙——则是12世纪翻修后的结果。教堂的外廊是在1702年由卡洛·方塔纳（Carlo Fontana）补建的，柱式护栏上装饰有4位教皇的雕像。

镶嵌画

教堂内部创作于12世纪的金色镶嵌画最为抢眼。镶嵌画位于后殿，华丽夺目，画中间是基督和圣母，两侧有多位圣徒守护，最左边手持教堂模型的人是教皇英诺森二世（Pope Innocent Ⅱ）。画下方另有一组6幅镶嵌画，由佩德罗·卡瓦利尼（Pietro Cavallini）创作于1291年前后，描绘了圣母的一生。

内部设计

内部有21根古罗马石柱，其中一些是从原卡拉卡拉浴场上窃取来的，木制天花板由多美尼基诺（Domenichino）于1617年设计，圣坛右侧有一根克斯马提式（Cosmati）螺旋烛台，所在位置正是当年大地喷油的地方。阿维拉礼拜堂（Cappella Avila）也大有可观，其建造于17世纪的穹顶十分震撼，克斯马提式螺纹地板是19世纪70年代参照13世纪时的原物重新铺设的。

☑ 独家贴士

- 参观过教堂之后，一定要留足时间在教堂前面的广场好好逛逛——那是特拉斯特沃地区的中心广场，也是打望胜地。
- 尽量在清早或傍晚前来，教堂罗马式的正面外墙在柔和的光线下更美丽。调研时正面外墙被布围了起来，正在进行精细的修复。

吃喝落脚点

Bar San Calisto（见139页）距离游客成群的广场一步之遥，是一家非常地道的当地酒吧。除了卡布奇诺，你在那里还能喝到罗马最便宜的啤酒。

想在特拉斯特沃吃到最美味的罗马菜，就选Da Augusto（见139页）。每天12:30刚一开门就得去，否则就没位子了。

当地生活

特拉斯特沃和贾尼科罗的夜生活

凭借迷人的街巷、热闹的广场以及欢快的氛围，特拉斯特沃自然是罗马最具人气的夜生活区之一。不只是外国人，罗马本地人也会聚到这里。若是赶上舒适的夏夜，小贩们会在漂亮的胡同里“安营扎寨”，酒吧的常客们也会涌上街头，那时的特拉斯特沃最热闹。

❶ 在贾尼科罗山赏夜景

贾尼科罗山顶可一览八方美景，入夜时分风光尤佳。这座绿意茵茵的山，海拔在罗马称最。意大利统一运动期间，这里是血腥的战场，如今却宁静浪漫。山上Piazzale Giuseppe Garibaldi有一家**Bar Stuzzichini**（7:30至次日1:00或2:00；Passeggiata del Gianicolo），大可以进去点上一杯饮料，醉心山色。

❷ 去Freni e Frizioni品尝餐前小食

回到喧嚣的山下，可以去**Freni e Frizioni**（☎06 4549 7499；www.freniefrizioni.com；Via del Politeama 4-6；⏰19:00至次日2:00；🚌Piazza Trilussa）品尝餐前小食。这家酒吧总是那么酷，主顾都是爱喝“威尼斯火花”（Spritz；意大利餐前小食中最常见的开胃鸡尾酒）的年轻人。你可以在店外的小广场上品尝鸡尾酒（€10起），饿了可以享用酒吧的自助餐（19:00~22:00）。

❸ 到Da Augusto用晚餐

寻求地道的特拉斯特沃晚餐体验，一定要去**Da Augusto**（☎06 580 37 98；Piazza de' Renzi 15；餐 €25；⏰12:30~15:00和20:00~23:00；🚌Viale di Trastevere，🚊Viale di Trastevere），在店门外的露天就餐区抢一张摇摇晃晃的桌子。那里的菜肴美妙至极，能吃出妈妈的味道，环境更是美冠特拉斯特沃。一道道经典罗马菜都分量十足，也有多种兔肉、嫩牛肉和牛肠（pajata）可选。店内摆着老式塑料贴面餐桌，装潢朴实无华，数十年未变，冬季可在室内用餐。做好等位的准备。只收现金。

❹ 游览特拉斯特沃圣玛丽亚广场

特拉斯特沃圣玛丽亚广场（Piazza di Santa Maria in Trastevere；🚌Viale di Trastevere，🚊Viale di Trastevere）是这一地区的中心广场，也是打望胜地。白天全是闲聊的当地人和拿着旅行指南的游客，晚上则会被外国留学生、本地青年和外地人攻占。那座八边形喷泉原建于古罗马时代，后于1692年由卡洛·方塔纳（Carlo Fontana）带领修复。

❺ 品尝Bar San Calisto的巧克力

Bar San Calisto（Piazza San Calisto 3-5；⏰周一至周六 6:00至次日2:00；🚌Viale di Trastevere，🚊Viale di Trastevere）是一家破败不堪的老店，却圈粉无数。不管是知识分子、务实的罗马人、酒鬼还是美国留学生，来的都是懂行的。这里最著名的就是巧克力，冬天加奶做成热饮，夏天做成意式冰激凌，还有全城最便宜的啤酒。

❻ 来Nuovo Sacher看电影

Nuovo Sacher（☎06 581 81 16；www.sacherfilm.eu；Largo Ascianghi 1；🚌Viale di Trastevere，🚊Viale di Trastevere）是一家备受罗马影迷喜爱的小型影院，老板是罗马小众电影导演南尼·莫莱蒂（Nanni Moretti）。经常举办电影相关活动，定期播放原声电影，是欣赏最新欧洲文艺片的绝好去处。

❼ 到Big Mama听蓝调

想陶醉于“永恒之城”独有的蓝调之中，选择只有一个——**Big Mama**（☎06 581 25 51；www.bigmama.it；Vicolo di San Francesco a Ripa 18；⏰21:00至次日1:30，演出22:30，6月至9月歇业；🚌Viale di Trastevere，🚊Viale di Trastevere）。开在特拉斯特沃一个狭小的地下室里，每周都有意大利著名音乐人驻唱，也经常有国际音乐人到场助兴，蓝调、爵士、放克、灵魂和R&B都能欣赏到。

详细介绍请见
顶级景点 136页
景点 141页
就餐 143页
饮品 145页
娱乐 146页
购物 146页
A
B
C
D
1
2
3
4
5
0 200 m
0 0.1 miles
Lgt della Farnesina
Lgt dei Tebaldi
Via Giulia
Tiber River
台伯河
Via dei Riari
Via della Lungara
Galleria Corsini 2
科西尼宫画廊
3 Villa Farnesina
法尔内西纳别墅
5 Orto Botanico
植物园
Via Corsini
Gianicolo (Janiculum)
Via del Pettinari
Via delle Zoccolette
Ponte Sisto
Piazza Trilussa
Via Benedetta
Lgt dei Vallati
Via Arenula
Lgt de Cenci
12
16
14
7
20
22
10
Via Garibaldi
Piazza della Scala
Via della Scala
Vic del Bologna
Vic del Cinque
Via del Politeama
Via del Moro
Lgt Raphaello Sanzio
Ponte Garibaldi
加里波第桥
Isola Tiberina
台伯岛
Ponte Cestio
切斯提奥桥
Via del Mattonato
Via della Pelliccia
Piazza Sant'Egidio
Via Renella
Lgt degli Anguillara
Via della Paglia
Piazza Santa Maria in Trastevere
13
Via della Lungaretta
Piazza Sonnino
Piazza Belli
Via della Lungaretta
Piazza in Piscinula
Gianicolo Hill
贾尼科罗山
Basilica di Santa Maria in Trastevere
特拉斯特沃圣玛丽亚教堂
Piazza San Calisto
TRASTEVERE
特拉斯特沃
Via dei Fienaroli
Via di San Gallicano
Via G C Santini
18
Via dei Salumi
9
Via dei Genovesi
6
Piazza San Pietro in Montorio
4
Via G Venezian
Villa Doria Pamphilj
多利亚潘菲利别墅
Via Luciano Manara
Via delle Fratte di Trastevere
Via San Francesco a Ripa
15
Via Garibaldi
Via Mameli
Piazza San Cosimato
19
Piazza Mastai
Basilica di Santa Cecilia in Trastevere 1
特拉斯特沃圣塞西莉亚教堂
Piazza Santa Cecilia
Piazza de' Mercanti
Via della Luce
Via della Madonna dell'Orto
Via Sacchi
Via Morosini
Viale di Trastevere
Via Anicia
17
Piazza di San Francesco d'Assisi
Via di San Michele
Via Dandolo
Via F Casini
Viale Glorioso
Via Dandolo
Porta di Ripa Grande
Tiber River 台伯河
21
Piazzale Portuense
Piazza Bernardino da Feltre
Via Portuense
Piazza Porta Portese
Ponte Sublicio
Lgt Aventino
Piazza dell'Emporio

特拉斯特沃圣塞西莉亚教堂的圣坛

景点

特拉斯特沃圣塞西莉亚教堂 宗座圣殿

1 见140页地图，D4

教堂里安息着音乐的守护圣徒塞西莉亚。旁边女修道院的唱诗间中，有佩德罗·卡瓦利尼(Pietro Cavallini)创作于13世纪的令人震撼的壁画。1599年，人们在圣卡里斯托地下墓穴中发现了塞西莉亚的遗体，保存完好，似有神灵护佑。司提反·马德诺(Stefano Maderno)据此创作了一尊神秘的雕塑，现立于教堂之中。教堂还保留了古罗马民居遗址供游客参观，其中一间房子可能就是塞西莉亚的故居。

(Basilica di Santa Cecilia in Trastevere; 06 589 9289; www.benedettinesantacecilia.it; Piazza di Santa Cecilia; 壁画和墓穴 每人€2.50; 周一至周六 教堂和墓穴 10:00~13:00和16:00~19:00，壁画 10:00~12:30; Viale di Trastevere; Viale di Trastevere)

科西尼宫画廊 画廊

2 见140页地图，A1

气派的科西尼宫(Palazzo Corsini)建于16世纪，由费尔迪南多·弗加(Ferdinando Fuga)依凡尔赛宫的风格进行设计。瑞典女王克里斯蒂娜(Queen Christina of Sweden)移居罗马后曾在此居住，她的卧房装饰着富丽堂皇的壁画，女王曾在那里与众多男女情人幽会。宫殿的画廊现用以展示意大利部分国家艺术藏品，亮点包括卡拉瓦乔摄人心魂的《施洗约翰》(*San Giovanni Battista*),圭多·雷尼(Guido Reni)令人胆寒的《莎乐美和施洗约翰的头颅》(*Salome con la Testa di San Giovanni Battista*),弗拉·安吉利科(Fra Angelico)为科西尼家族成员绘制的三联画,以及鲁本斯、普桑(Poussin)和凡·戴克(Van Dyck)等人的作品。(Galleria Corsini, Palazzo Corsini; ☎06 6880 2323; www.barberinicorsini.org; Via della Lungara 10; 成人/优惠 €5/2.50,含巴贝里尼宫 €10/5; ⏲周三至周一 8:30~19:30; 🚌Lungotevere della Farnesina)

法尔内西纳别墅

历史建筑

3 👁 见140页地图,A1

别墅建于16世纪,内部装饰得华美非凡,绝妙的壁画铺天盖地。底层的丘比特与普塞克外廊(Loggia of Cupid and Psyche)和嘉拉迪亚外廊(Loggia of Galatea)里有几幅画,据说都出自拉斐尔之手。站在一层的透视厅(Salone delle Prospettive)里,四周仿佛是一圈柱廊,透过柱廊,可以俯瞰到罗马城在16世纪时的风貌,但这一切都是佩鲁齐(Peruzzi)绘制的室内壁画所产生的神奇幻象。(Villa Farnesina; ☎06 6802 7268; www.villafarnesina.it; Via della Lungara 230; 成人/优惠 €6/5,导览游 €4; ⏲周一至周六 9:00~14:00,每月第二个周日 至17:00; 🚌Lungotevere della Farnesina)

多利亚潘菲利别墅

纪念碑、公园

4 👁 见140页地图,A3

建于17世纪的多利亚潘菲利别墅华丽高贵,周边绿地是罗马面积最大的景观花园,许多罗马人都爱来这里躲避城市的喧嚣。这里曾是一大片私人领地,建造于1650年前后,主人是教皇英诺森十世的侄子——卡米罗·潘菲利亲王(Prince Camillo Pamphilj)。如今的公园绿地起伏,罗马外形独特的伞松点缀其间。公园中心是亲王当年的避暑行宫美息阁(Casino del Bel Respiro;别墅的历史比较复杂,原来的主建筑不是美息阁,而叫"老别墅",也在公园中,现仅用来举办政府官方活动,不可入内参观),旁边有精心修剪的花园与柠檬树。(Villa Doria Pamphilj; ⏲日出至日落; 🚌Via di San Pancrazio)

植物园

花园

5 👁 见140页地图,A2

罗马绿树成荫的植物园占地12公顷,原为科西尼宫私有领地,位于贾尼科罗山陡峭的山坡上,鲜为人知,稍欠打理,却是休闲放松的好地方。13世纪时就有人在这里栽培植物,1883年,科西尼宫的领地被转交给罗马大学,植物园便是在那时创立的。目前园中植物多达8000种,在里面能找到一些欧洲最稀有的品种。(Orto Botanico; ☎06 4991 7107; Largo Cristina di Svezia 24; 成人/优惠 €8/4; ⏲4月至10月 周一至周六 9:00~18:30,11月至次年3月 至17:30; 🚌Lungotevere della Farnesina, Piazza Trilussa)

贾尼科罗山

山

6 见140页地图，A3

1849年，意大利统一运动中最惨烈的一场战斗在贾尼科罗山上打响，加里波第（Garibaldi）带领着一支临时军与教皇撑腰的法军血战到底。今天，葱郁的山丘上点缀着不少纪念碑以纪念这位伟大的意大利英雄。距离Piazzale Giuseppe Garibaldi广场上巨大的**加里波第纪念碑**（Passeggiata del Gianicolo）200米的地方是其妻子阿妮塔（Anita）的**骑马女英雄纪念碑**（Equestrian Monument；Passeggiata del Gianicolo），位于Piazzale Anita Garibaldi广场上。阿妮塔生于巴西，罗马城解围后不久便因疟疾去世，当时已有身孕。（Janiculum）

就餐

La Prosciutteria

托斯卡纳菜 €

7 见140页地图，B2

想在罗马吃到可心可口的托斯卡纳菜，不妨来这家佛罗伦萨（托斯卡纳首府）风味熟食店（prosciutteria），吃一顿午餐或是享受"堕落的"餐前小食。这里的招牌是木板菜（taglieri），店家特制的木砧板上面盛放着各种冷餐肉、奶酪、水果和蔬菜，一起端上来供人享用。一杯布鲁奈罗（全称Brunello di Montalcino）或者简单的基安蒂（Chianti Classico）可谓最佳佐餐。主食面包就放在一个淡绿色的汤锅里，店内还悬挂着数十条火腿和萨拉米香肠。（06 6456 2839；www.laprosciutteria.com/roma-trastevere；Via della Scala 71；木板菜 每人€5；11:00~23:30；Piazza Trilussa）

Da Enzo

意式小馆 €

8 见140页地图，D3

乳酪色的复古墙面，红格子桌布，传统的菜单上是各种传统的罗马菜肴，这明显是一家"将传统进行到底"的意式小馆。但最难能可贵的还是这里的食材：精挑细选，品质上乘，许多都来自附近拉齐奥大区的农场。餐厅的时令菜犹太风味炸洋蓟和奶酪黑椒意面（pasta cacio e pepe）尤其不俗，味道罗马第一。（06 581 22 60；www.daenzoal29.com；Via dei Vascellari 29；餐 €30；周一至周

当地生活

Fior di Luna

Fior di Luna（见140页地图，C3；06 6456 1314；http://fiordiluna.com；Via della Lungaretta 96；意式冰激凌 €1.70起；复活节至10月 11:30~23:30，11月至次年复活节 周二至周日 至21:00；Viale di Trastevere，Viale di Trastevere）店面不大，人气不小，许多罗马人认为这里的手工意式冰激凌和雪芭世界第一。所有食品都选用天然应季原料小批量制作而成，最受欢迎的口味包括核桃蜂蜜、蓝莓酸奶、奇异果（里面还有籽儿！）以及开心果。

六 12:30~15:00和19:00~23:00；Viale di Trastevere，Viale di Trastevere）

Panattoni

比萨 €

9 见140页地图，C3

特拉斯特沃最火爆的比萨餐厅，店内设有复古的大理石桌台，所以也被人称作"大理石餐厅"（ai Marmi）或是"太平间"（l' obitorio）。主打超薄的薄皮比萨，氛围热闹喧嚣，服务员不是很耐烦，街头设有露台就餐区，有几款非常不错的油炸开胃菜，炸米丸子（supplì）、炸腌鳕鱼（baccalà）和炸西葫芦花全都妙不可言。（Ai Marmi；06 580 09 19；Viale di Trastevere 53；比萨 €6.50~9；周四至周二 18:30至次日1:00；Viale di Trastevere，Viale di Trastevere）

当地生活

罗马刨冰

夏季是享受生活的季节。在湿热的夏夜，罗马人最喜欢漫步到河边，来一碗罗马刨冰（gratta-checca；内有水果和糖浆）。这是消夏祛暑的理想方式，也是罗马的特色。河岸旁有许多刨冰亭可选，紧挨着Ponte Cestio的**Sora Mirella Caffè**（Lungotevere degli Anguillara；刨冰 €3~6；5月至9月 11:00至次日3:00；Lungotevere degli Anguillara）值得一试。

Forno La Renella

面包房 €

10 见140页地图，B2

特拉斯特沃一家老字号面包房（1870年便已开业），透过厨房的玻璃窗可以欣赏当代比萨大师的厨艺。店内设有木火烤炉，座位是吧椅，比萨（每公斤€9~18）、面包和饼干全天供应，香味令人着迷。比萨的馅儿堆得高高的，面包的馅儿塞得满满的，什么馅儿都讲究时令。不管是牵着大狗的朋克青年，还是抱着小狗的老妇人，什么人都爱光顾。（06 581 72 65；www.panificiolarenella.com；Via del Moro 15-16；比萨 每片€2.50起；周二至周六 7:00至次日2:00，周日和周一 至22:00；Piazza Trilussa）

Da Teo

意式小馆 €€

11 见140页地图，D3

罗马经典意式小馆之一。店内挤满了当地主顾，他们的目标就是那一盘盘热腾腾的传统罗马菜肴，比如卡布纳拉意面和奶酪黑椒意面（pasta cacio e pepe）。时令菜洋蓟更是新鲜无比，有犹太风味和罗马风味两种做法——前者炸着吃，后者塞上西芹和大蒜煮着吃。餐厅的自制面疙瘩（gnocchi）仅在周四供应，这也是意式小馆铁打不动的传统。一定要提前订位。（06 581 83 55；www.trattoriadateo.it；Piazza dei Ponziani 7；餐 €30；周一至周六 12:30~15:00和19:30~23:30；Viale di Trastevere，Viale di Trastevere）

饮品

Pimm's Good

酒吧

12 见140页地图，B2

酒吧天花板上红砖裸露，人气常年不减，口号是"人人都爱Pimm's"（Anyone for Pimm's），也的确能喝到Pimm's水果酒——既有经典喝法（加柠檬水），也可以调制成多种鸡尾酒（€10）。吧台后面的工作人员虽然是爱玩爱闹的年轻人，但在调酒方面却一丝不苟，技艺精湛。街角的人行道就餐区坐满了人，冬季还会摆上火苗熊熊的户外暖炉，很好认。（☎06 9727 7979；www.facebook.com/pimmsgood；Via di Santa Dorotea 8；⏲10:00至次日2:00；📶；🚌Piazza Trilussa）

Keyhole

鸡尾酒吧

13 见140页地图，C3

潮到爆的美式地下酒吧（speakeasy）在罗马越来越流行，这家店刚刚开业，能满足所有顾客的口味：店外看不到店名或招牌，只有一扇镶满钥匙的黑门。店内采用美国禁酒运动时代装潢——美式皮沙发搭配昏暗的灯光。精致的鸡尾酒不拘一格，如果不知道如何挑选，不妨让才华横溢的调酒师替你拿主意，打造一款专属于你的鸡尾酒——每杯约€10起。（Via Arco di San Calisto 17；⏲22:00至次日2:00；🚌Viale di Trastevere，🚋Viale di Trastevere）

Rivendita Libri, Cioccolata e Vino

鸡尾酒吧

14 见140页地图，B2

全罗马就找不到比它更有趣的鸡尾酒吧。店家的创意在酒水命名方面就可见一斑，比如"法式舌吻"（French Kiss）、"高潮"（Orgasm）、"一夜风流"（One Night Stand），等等。22:00之后便座无虚席，多是用过晚餐后来此享乐的主顾。鸡尾酒盛在迷你巧克力杯里，上面用发泡奶油作点缀。（☎06 5830 1868；www.facebook.com/cioccolateriatrastevere；Vicolo del Cinque 11a；每小杯 €3~5；⏲周一至周五19:00至次日2:00，周六和周日 14:00至次日2:00；🚌Piazza Trilussa）

Il Baretto

酒吧

15 见140页地图，A3

这家鸡尾酒吧开在贾尼科罗山上，从特拉斯特沃过来需要爬一小段陡峭的台阶。别怕累，因为累得值。酒吧设计靓丽，内部装潢融复古风情和波普艺术于一体，饭菜以肉为主，连服务生也是时尚潮人。（☎06 589 60 55；www.ilbarettoroma.com；Via Garibaldi 27；⏲周一至周六 7:00至次日2:00；🚌Via Garibaldi）

Bir & Fud

精酿啤酒

16 见140页地图，B2

这条窄街上开着许多火辣生猛的酒馆，这家酒吧同时还是一个比萨餐厅。室内为石砖拱顶，口碑很好，各种精酿"bir"

（啤酒）品质不俗，“fud”（食物）同样美味，不怕深夜泡吧的客人“饿”意袭来。那不勒斯风味木烤比萨尤其好吃。（☎06 589 40 16；www.birandfud.it；Via Benedetta 23；⊙正午至次日2:00；🚌Piazza Trilussa）

娱乐

Lettere Caffè 现场音乐

17 ⭐ 见140页地图，C4

如果你喜欢读书，喜欢诗歌，喜欢蓝调和爵士，那你一定会喜欢这里。店内凌乱地摆放着吧椅和书籍，晚间活动五花八门，包括现场音乐演出、赛诗会、喜剧表演和同志之夜，DJ也会到场用电子乐、独立乐、新浪潮助兴。19:00~21:00供应餐前小食，还有诱人的素食自助。（☎340 004 41 54；www.letterecaffe.org；Vicolo di San Francesco a Ripa 100-101；⊙18:00至次日2:00，8月中旬至9月中旬歇业；🚌Viale di Trastevere，🚋Viale di Trastevere）

购物

Biscottificio Innocenti 食品

18 🔒 见140页地图，D3

想品尝自制饼干、一口一个的蛋白霜或是迷你水果挞，在罗马没有比这家传统“饼干店”(biscottificio)更好的选择了。店内铺着陶瓷砖，门口设有纱窗门，柜台上摆着老式的秤用来给饼干(每公斤€16~24)称重。老板娘斯蒂芬妮（Stefania）为这家店倾注

了解当地

干杯！

餐前小食（Aperitivo）米兰人兴起的潮流如今大受罗马人的喜爱。餐前小食以一杯酒水为主，辅以各色小吃，在酒吧和部分餐厅里有，一般从18:00一直供应至21:00。价格为€5~10，含一杯酒水，小吃不限量。许多学生族和精打细算的罗马人都把餐前小食当成晚餐来吃。

意式葡萄酒吧（Enoteche）意式葡萄酒吧出身草根，原先主顾都是住在周边的“老炮”，酒品质一般，都是从酒桶里现打的。如今的意式葡萄酒吧格调有所提升，但仍然是很接地气的地方，除了国内外葡萄酒，也有美味的奶酪和冷餐肉。

酒吧 罗马的酒吧不拘一格，有的固守着意大利酒吧的传统，兼具咖啡馆功能，似乎数百年未变；有的则是高端时尚，设计精心，比如Freni e Frizioni（见139页），里面能喝到各种令人匪夷所思的鸡尾酒，氛围惬意，而且人气长年不衰，不像其他城市的酒吧那样昙花一现。

了大量心血与热情，数十年间一直兢兢业业。（☎06 580 39 26；www.facebook.com/biscottificioInnocenti；Via delle Luce 21；⏰周一至周六 8:00~20:00，周日 9:30~14:00；🚌Viale di Trastevere，🚋Viale di Trastevere）

Antica Caciara Trasteverina 餐饮

19 🛍 见140页地图，B4

这家熟食店是一家百年老店，现做的乳清干酪（ricotta）最抢手，一般到中午就卖光了。来晚了也完全不必失望，这里的炉烤乳清干酪（ricotta infornata；不是当天现做的）也是好吃得要死，还有受到欧盟原产地名称保护的罗马羊奶酪（pecorino romano；每公斤€16.50），被封在黑色蜡衣中制成了35公斤重的奶酪饼。店内还挂着一串串腊猪脸（guanciale），香气四溢，切好油煎之后放到卡布纳拉意面里，美味绝伦。（☎06 581 28 15；www.anticacaciara.it；Via San Francesco a Ripa 140；⏰周一至周六 7:00~14:00和16:00~20:00；🚌Viale di Trastevere，🚋Viale di Trastevere）

Benheart 时装和饰品

20 🛍 见140页地图，B2

一家皮具工坊，铺就着儿童涂鸦的五彩树脂地板，摆放着打字机、拨盘电话等老物件，艺术气息浓郁。设计师本哈特（Benheart）是一位来自佛罗伦萨的年轻人，才华称雄意大利。由他手工制作的鞋（€190起）以及男女夹克件件时尚华美。（☎06 5832 0801；www.benheart.it；Via del Moro 47；⏰11:00~23:00；🚌Piazza Triussa）

Porta Portese Market 市场

21 🛍 见140页地图，C5

这个偌大的跳蚤市场，能让你体验到罗马的另一面。摊位数以千计，从珍本书籍和来源不明的二手自行车，到秘鲁围巾和MP3，什么玩意儿都有。人山人海，逛起来超级有意思。淘宝时一定注意个人财物，穿着不要露富。（Piazza Porta Portese；⏰周日 6:00~14:00；🚌Viale di Trastevere，🚋Viale di Trastevere）

Almost Corner Bookshop 书籍

22 🛍 见140页地图，B2

书店就该这个样子：墙壁上没有一寸留白，好书堆了一屋子，各种英语小说、非小说（包括儿童读物）以及旅行指南，应有尽有，是淘书人的天堂。（☎06 583 69 42；Via del Moro 45；⏰周一至周六 10:00~20:00，周日 11:00~20:00；🚌Piazza Trilussa）

探索

梵蒂冈和普拉蒂

梵蒂冈(Vatican City)是世界上最小的主权国家，与罗马历史中心区隔河相望。以圣彼得大教堂为中心，汇集了一众意大利艺术瑰宝，其中许多收藏在浩瀚的梵蒂冈博物馆——尤其是西斯廷教堂——之中。定价过高的餐厅和纪念品店也比比皆是。附近的博尔戈地区拥有雄伟的地标圣天使城堡，而普拉蒂地区(Prati)走的是高端路线，能带给你一流的住宿、就餐和购物体验。

一日游行程

不想排队，天一亮就得赶奔**梵蒂冈博物馆**（见150页）。这片博物馆群拥有无数世界顶级艺术品，一趟根本看不完，但**八角庭院**（见151页）惊艳的古典雕塑、**拉斐尔画室**（见153页）华丽的壁画以及大名鼎鼎的**西斯廷教堂**（见153页）绝不该错过。参观结束后，到**Il Sorpasso**（见162页）吃一顿简单的午餐，回味一下刚刚的收获。

午餐后前往**圣彼得广场**（见160页；见148页图片），穿过壮观惊艳的广场前去拜会**圣彼得大教堂**（见154页）。那是梵蒂冈的中心教堂，外观有君临天下的气魄，内部由大理石装饰，其豪华程度令人叹为观止，别忘了爬到穹顶上看一看。随后沿Via della Conciliazione去探访地标建筑**圣天使城堡**（见160页），结束下午的游览。

晚上到**Ristorante L' Arcangelo**（见162页）品尝新派罗马菜，然后到爵士乐圣地**Alexanderplatz**（见163页）欣赏现场演出。

顶级景点

梵蒂冈博物馆（见150页）

圣彼得大教堂（见154页）

罗马最佳

历史

圣彼得大教堂（见154页）

饮食

Fa-Bìo（见161页）

Fatamorgana（见161页）

建筑

圣彼得大教堂（见154页）

圣彼得广场（见160页）

文化

Alexanderplatz（见163页）

到达和离开

公交车 从中央火车站到梵蒂冈，乘坐40路公交车最快。选择路线相似、设站较多的64路也可以。84路驶往Piazza del Risorgimento，途中经过圣若望地区和历史中心区。

地铁 可乘坐A线在Ottaviano-San Pietro站下车，根据路牌指示即可到达圣彼得大教堂。

有轨电车 19路有轨电车驶往Piazza del Risorgimento，途经圣洛伦佐地区、Viale Regina Margherita和波格赛别墅。

顶级景点
梵蒂冈博物馆

参观梵蒂冈博物馆（Vatican Museums）是一段刺激而又难忘的体验。这片博物馆群浩瀚如海，步行参观一圈要走大约7公里，艺术品收藏称雄世界，名作之多与梵蒂冈之小完全不成比例。古典雕塑洋洋大观的庇奥-克莱门博物馆、拉斐尔画室以及由米开朗琪罗设计装潢的西斯廷教堂都是其中的亮点。

见158页地图，C3

06 6988 4676

www.museivaticani.va

Viale Vaticano

成人/优惠 €16/8，每月最后一个周日 免费

周一至周六 9:00~18:00，每月最后一个周日至14:00

M Ottaviano-San Pietro

庇奥-克莱门博物馆的圆形展室（Sala Rotunda）

画廊

这间宗座画廊（Pinacoteca）常被游客忽视，里面展示有11~19世纪的绘画，包括弗拉·安吉利科、提香、卡拉瓦乔和达·芬奇等人的作品。

基亚拉蒙蒂博物馆和新翼楼

基亚拉蒙蒂博物馆（Museo Chiaramonti）其实是美景宫（Palazzetto di Belvedere）东侧下层的一条长廊。**新翼楼**（Braccio Nuovo）靠近长廊终点的右手边，内有一尊著名雕塑，像中的尼罗河河神半躺在那里，身上有16名婴儿。

庇奥-克莱门博物馆

一进入庇奥-克莱门博物馆便是**八角庭院**，左手边是雕塑《美景宫的阿波罗》（*Apollo Belvedere*；这个名字与雕塑原展示地点美景宫相关），乃是2世纪时古罗马人根据公元前4世纪一尊古希腊青铜像仿造的。像中的太阳神阿波罗身材比例十分完美，被视为最伟大的古典雕塑之一。位于室内的**动物展室**（Sala degli Animali）里除了一尊尊动物雕塑，还有4世纪时的华丽镶嵌画。

地图馆

地图馆（Galleria delle Carte Geografiche）是梵蒂冈博物馆名气极小的一个秘境，长120米，墙上一共悬挂着40幅巨大的地形图。这些地图是在1580~1583年为教皇格列高利十三世（Pope Gregory XIII）绘制的，参照的蓝本出自伊格纳修·丹迪（Ignazio Danti），他是当时最伟大的地图测绘师之一。

埃及博物馆

埃及博物馆（Museo Gregoriano Egizio）由教皇格列高利十六世（Pope Gregory XVI）创立于1839年，

☑ 独家贴士

- 博物馆每月最后一个周日免费。
- 展品文字介绍差强人意，可以考虑租用语音导游（€7）或是购买《梵蒂冈博物馆及城市旅行指南》（*Guide to the Vatican Museums and City*；€14）。
- 网上购票就不用现场排队购票（http://bigliettieriamusei.vatican.va/musei/tickets/do；外加€4订票费）。
- 想少花时间等待，就要注意参观的时机：周二、周四和周三上午游客最少；下午比上午好；周一城中许多其他博物馆都会关门，游人都会涌向这里，最好也避开。

吃喝落脚点

画廊附近有一家自助餐厅兼咖啡馆，通往西斯廷教堂的楼梯边也有一个酒吧。

想要吃得实在又难忘，就离开博物馆，前往Pizzarium（见160页）。那里的切片比萨堪称罗马第一。

Vatican Museums
梵蒂冈博物馆

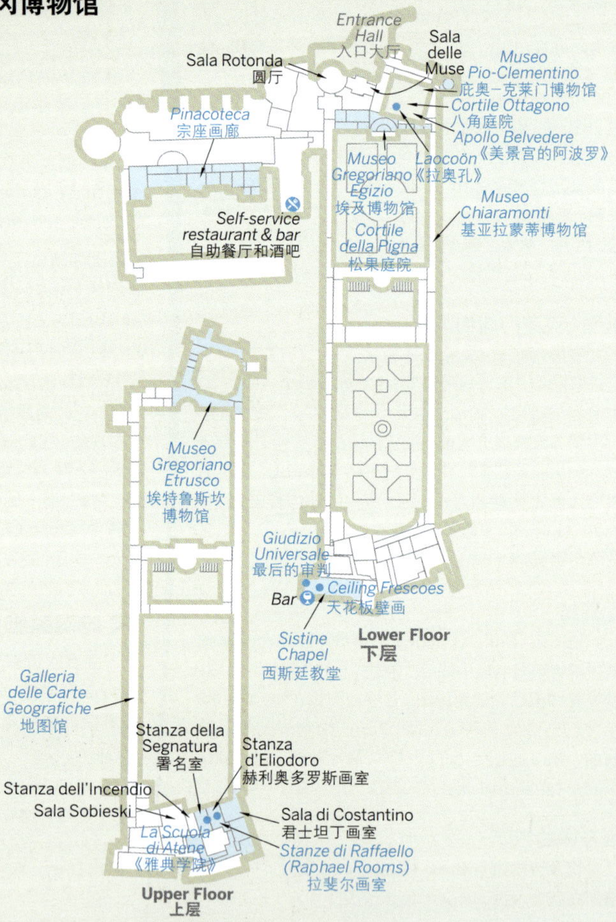

陈列着古罗马时代从埃及收集来的文物。数量虽然不多，却不乏精彩亮点，包括一尊法老拉美西斯二世（Ramses Ⅱ）坐在王座上的雕塑残体，来自公元前1000年的彩绘灵动的石棺，以及一具恐怖的木乃伊。

埃特鲁斯坎博物馆

沿着由西蒙内蒂（Simonetti）18世纪时设计的楼梯走到顶上，便是埃特鲁斯坎博物馆（Museo Gregoriano Etrusco）。馆内收藏了拉齐奥北部埃特鲁斯坎人坟墓中出土的文物，参观起来非常有趣。还有一些精美的瓶器和其他古罗马文物等，这些展品同样无与伦比。

拉斐尔画室

拉斐尔画室（Stanze di Raffaello）部分区域目前正在进行修复施工，共有4个房间，曾经是教皇朱利亚二世（Pope Julius Ⅱ）的私人寓所。其中**署名室**（Stanza della Segnatura；1508~1511年）和**赫利奥多罗斯画室**（Stanza d'Eliodoro；1512~1514年）中的壁画都由拉斐尔本人绘制，而**博尔戈之火画室**（Stanza dell'Incendio di Borgo；1514~1517年）和**君士坦丁画室**（Sala di Costantino；1517~1524年）的壁画则是他的学生根据他的画稿绘制的。

西斯廷教堂：天花板

西斯廷教堂（Sistine Chapel）的拱顶天花板面积有800平方米，距离地面有

VVOE/SHUTTERSTOCK ©

署名室中由拉斐尔创作的壁画

20多米高，在上面绘制壁画即便对于米开朗琪罗这种天才来说，也似乎是不可能完成的任务。米开朗琪罗在教皇朱利亚二世的劝说下，最终接受了这项其职业生涯中最大的挑战，酬金换算成今天的货币，为150~200万欧元。

西斯廷教堂：《最后的审判》

1535~1541年，米开朗琪罗再次来到西斯廷教堂一展身手，为这里留下了壁画《最后的审判》（*Giudizio Universale*）。壁画位于教堂西墙，面积200平方米，描绘了耶稣再临人间时的景象，画面极具张力。

顶级景点

圣彼得大教堂

罗马华美教堂虽多，无一可与圣彼得大教堂相提并论。论规模之宏大，装饰之富丽，气象之震撼，意大利无出其右者。数百年间，历代艺术奇才的心血倾注于此，众多杰作之中，有3件更是名震意大利，即米开朗琪罗创作的《圣殇》和由他设计的参天穹顶，以及29米高、由贝尔尼尼创作的教皇祭坛华盖。

见158页地图，C4

06 6988 5518

www.vatican.va

圣彼得广场

门票免费

夏季 7:00~19:00，冬季至18:30

M Ottaviano-San Pietro

宗座圣坛以及由贝尔尼尼设计的华盖（见155页）

穹顶

通往**穹顶**(乘/不乘电梯 €8/6; ⌚夏季 8:00~18:00, 冬季 至17:00; 🚌Piazza del Risorgimento; Ⓜ Ottaviano-San Pietro)的入口位于教堂主外廊右侧。登上穹顶有两种方法，一是沿551级台阶一路攀爬，二是乘坐一段小型电梯，再攀爬320级台阶。即使乘电梯，也需要在陡峭的台阶上爬上很久，可一旦登顶，站在圣彼得广场上方120米高的地方举目四望，眼前的壮观足偿辛苦。

教堂立面

圣彼得大教堂的立面外墙十分雄伟，高48米，宽115米，由马德诺(Maderno)设计建造于1608~1612年。上层(attic；属于古罗马特有建筑术语，与现在我们所说的阁楼不同)共有8根27米高的石柱托举，上立13尊雕像，分别是基督、施洗约翰及基督的11位门徒。正中央的阳台名为**祝福凉廊**(Loggia della Benedizione)，圣诞节和复活节期间，教皇会从那上面向教众赐福，并道出那句著名的"Urbi et Orbi"("降福罗马城及全世界")。

石柱顶部的柱楣上刻有一句长长的文字，意思是："1612年，罗马波格赛氏保罗五世教皇治下7年，谨献圣徒之王"(圣徒之王指的就是圣彼得，保罗五世来自波格赛家族)。

内部：中厅

教堂内部的中心位置即是由贝尔尼尼设计、高29米的圣坛华盖。华盖由4根螺旋柱支撑，所用青铜取自万神殿。华盖下方即是**教皇祭坛**，也叫"忏悔圣坛"(Altar of the Confession)。祭坛前方是一个下陷式的礼拜堂，名叫"忏悔堂"(Confessione)，由卡洛·马德诺设计而成，把守着圣彼得坟墓的入口。

华盖上方便是米开朗琪罗打造的**穹顶**。穹顶距离地面119米，在设计上参考了佛罗伦萨大教堂的穹

☑ 独家贴士

- 参观者须着装得体，穿短裤、短裙、裸露肩膀者禁入。
- 10月至次年5月底，北美教皇神学院(Pontifical North American College)的学生会组织免费的大教堂英语导览游。一般周一至周五每天14:15开始，出发地点在大教堂的朝圣者及游客办公室(Ufficio Pellegrini e Turisti)。
- 进门安检处排队不可避免，但队伍移动得很快。
- 午餐时间和下午晚些时候，排队的人一般较少。

✗ 吃喝落脚点

大教堂周边的餐馆专宰游客，附近的普拉蒂地区倒是有很多餐馆可以选。想吃沙拉或是美味的帕尼尼三明治，可以去有机美食人气外卖店Fa-Bìo(见161页)。想饱餐一顿，可选择时尚亲民的Il Sorpasso(见162页)。

顶——布鲁内莱斯基的手笔——下方由4根巨大的石墩支撑，每个石墩都以一位圣徒命名，石墩上有贝尔尼尼设计的神龛，神龛内有圣徒雕像。这4位圣徒分别为这座教堂留下了一件重要的圣物：圣朗基努斯（St Longinus）用以戳刺耶稣胸膛的那柄长枪，圣维罗妮卡（St Veronica）用以擦拭耶稣脸颊的一块布，由圣海伦娜（St Helena）带回的圣十字架残片，以及圣安德鲁（St Andrew）的头颅。

圣朗基努斯石墩底部有一尊青铜铸就的**圣彼得像**，由阿诺尔夫·迪·坎比奥（Arnolfo di Cambio）创作于13世纪，参观者特别喜爱抚摸铜像的右脚，数百年摸下来，右脚已经面目全非。

圣坛背后是宣讲台，上有贝尔尼尼的杰作**圣彼得王座**（Cattedra di San Pietro）。王座青铜为体，外表镀金，尺寸巨大，悬于空中，下有4尊5米高的圣徒像托举。青铜王座内藏有一件木制座椅，曾被认为是圣彼得当年所用，但事实上来自9世纪。

内部：左廊

左廊两侧由绳子拦起，廊中有数道拱门。其中有一间**圣母礼拜堂**，内有贾克莫·德拉·波尔塔（Giacomo della Porta）设计的大理石祭坛，祭坛上方是一幅圣母画，礼拜堂因而得名。右侧可以看到由亚利桑德罗·阿尔加迪（Alessandro Algardi）创作的精美浮雕，浮雕下方即是教皇利奥一世（St Leo the Great）的坟墓。旁边的那道拱门下可见**亚历山大**

St Peter's Basilica 圣彼得大教堂

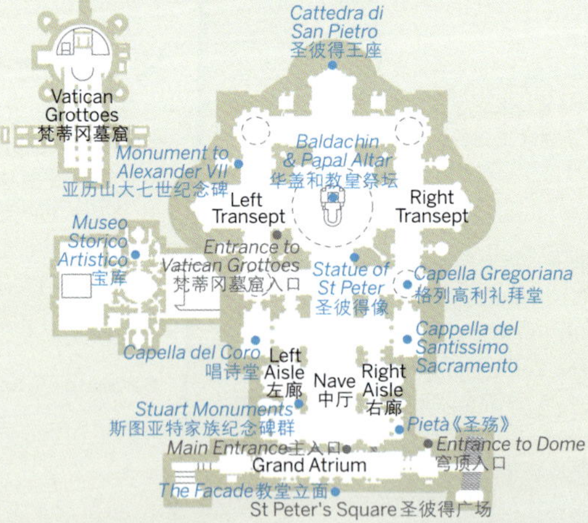

七世纪念碑(Monument to Alexander Ⅶ),是贝尔尼尼在这里留下的最后一件作品。

在左廊中点附近,是**克莱门特礼拜堂**(Cappella Clementina),以教皇克莱门特八世(Clement Ⅷ)命名。1600年大赦期间,正是这位教皇邀请波尔塔(Giacomo della Porta)到此主持装饰施工。礼拜堂的祭坛下是教皇格列高利一世(St Gregory the Great)的坟墓,左侧是托瓦尔森(Thorvaldsen)为教皇庇护七世(Pope Pius Ⅶ)设计的纪念碑。

下一道拱门下是教皇利奥十一世(Leo Ⅺ)的纪念碑,由阿尔加迪设计于16世纪。再往里走,便是装饰富丽的**唱诗堂**(Cappella del Coro),由乔瓦尼·巴蒂斯塔·里奇(Giovanni Battista Ricci)在波尔塔设计的基础上建造而成。

继续前行,可见**献女礼拜堂**(Cappella della Presentazione;得名自若雅敬和安娜将年轻的女儿玛利亚献给上帝一事),里面有两座纪念碑:一座是埃米利奥·葛雷克(Emilio Greco)为教皇约翰二十三世(John ⅩⅩⅢ)所造,上有黑色浮雕;一座是佩德罗·卡诺尼卡(Pietro Canonica)为教皇本笃十五世(Benedict ⅩⅤ)所造。它们是教堂中创作时间最晚的两件作品。

下一道拱门下是**斯图亚特家族纪念碑群**(Stuart Monuments)。右边是詹姆士·弗朗西斯·爱德华·斯图亚特(James Francis Edward Stuart)之妻玛利亚·克莱门蒂娜·索毕耶斯基(Maria Clementina Sobieska)的纪念碑,创作者是菲律波·巴里基奥尼(Filippo Barigioni);左边是家族最后三位成员的纪念碑,由卡诺瓦创作,造型隐隐透着情欲。斯图亚特家族曾经一度篡夺了英国王位,后人则流亡他乡,客死罗马。

内部:右廊

右廊入口处即是米开朗琪罗美丽摄魂的雕塑**《圣殇》**(*Pietà*)。雕塑创作于1499年,是米开朗琪罗25岁时(1499年)的作品,也是他唯一署名的作品——署名刻于圣母胸前绶带之上。

右廊中还有由卡洛·方塔纳(Carlo Fontana)为瑞典女王克里斯蒂娜(Queen Christina of Sweden)创作的镀金青铜纪念碑。这位女王于1655年皈依天主教,生活作风却颇不检点。

再往里走,可见教皇约翰·保罗二世(Pope John Paul Ⅱ)的坟墓,还有一座**巴洛克礼拜堂**,装饰奢华无比,博罗米尼、贝尔尼尼和佩德罗·达·考托纳(Pietro da Cortona)都在那里留下了自己的作品。

巴洛克礼拜堂那头有一座华丽的教皇格列高利十三世(Gregory ⅩⅢ)纪念碑,旁边被绳子拦住的是**格列高利礼拜堂**(Cappella Gregoriana),礼拜堂是格列高利十三世根据米开朗琪罗的设计修建的。

详细介绍请见
顶级景点 150页
景点 160页
就餐 160页
饮品 162页
娱乐 163页
购物 163页
500 m
0.25 miles
Via Morin
Via della Giuliana
Via Bettolo
Via Barletta
Via Camoz
Largo Trionfale
Via Andrea Doria
Via Famagosta
Via Otranto
Ottaviano-San Pietro
Via Ostia
Via Tunisi
Via Leone IV
Via Candia
Via Cipro
Cipro-Musei Vaticani
Via Vespasiano
Via Ottaviano
Entrance to Vatican Museums
Viale Vaticano
Viale della Zitella
Via della Meloria
Piazza del Risorgimento
Vatican Museums
梵蒂冈博物馆
Borgo Angelico
Via della Posta
Via di Porta Angelica
Via del Mascherino
Vatican Gardens
梵蒂冈花园
VATICAN CITY (CITTÀ DEL VATICANO)
梵蒂冈
Via del Belvedere
Piazza della Città Leonina
Via dei Corridori
St Peter's Square
圣彼得广场
Ufficio Pellegrini e Turisti
朝圣者及游客办公室
St Peter's Basilica
圣彼得大教堂
Piazza Pio XII
Piazza dei P Romani
Piazza Santa Marta
Via Paolo VI
Piazza di Sant'Uffizio
Via Aurelia
Via di Porta Cavalleggeri

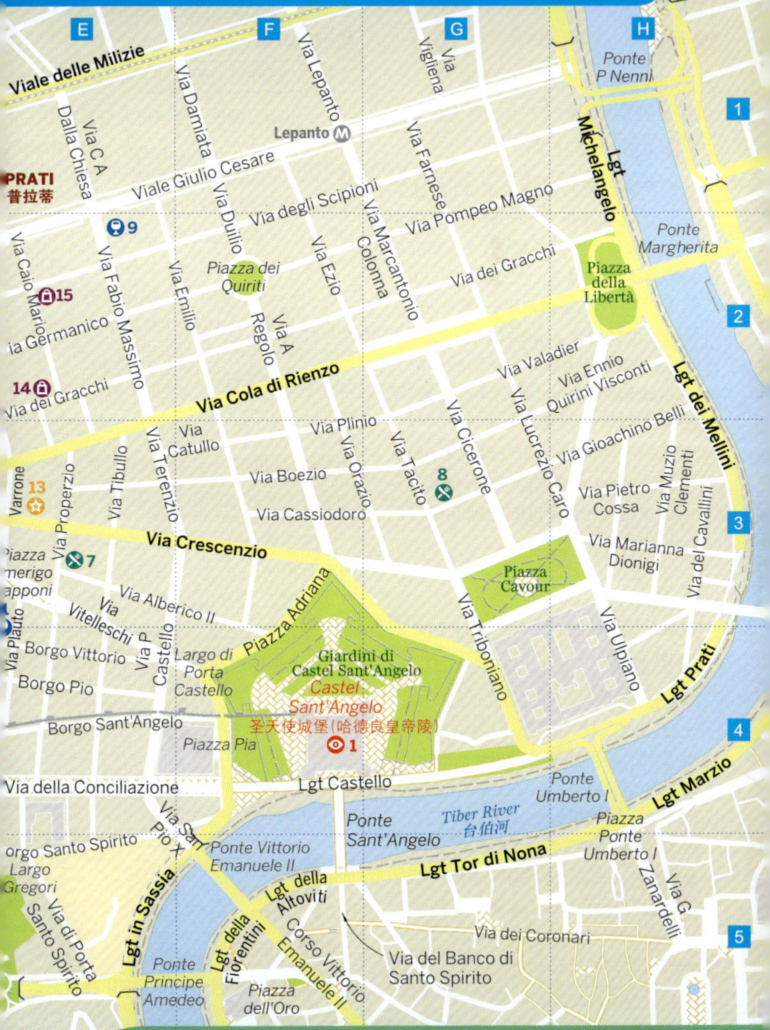
E
F
G
H
1
2
3
4
5
Viale delle Milizie
Via Damiata
Via Lepanto
Via Vigliena
Ponte P Nenni
Lepanto
Via C A Dalla Chiesa
Viale Giulio Cesare
Via Farnese
Lgt Michelangelo
PRATI
普拉蒂
Via degli Scipioni
Via Pompeo Magno
Via Duilio
Via Marcantonio Colonna
9
Ponte Margherita
Via Caio Mario
Via Fabio Massimo
Via Emilio
Piazza dei Quiriti
Via Ezio
Via dei Gracchi
Piazza della Libertà
15
Via Germanico
Regolo
Via A
Via Valadier
Via Ennio Quirini Visconti
Via Cola di Rienzo
Lgt dei Mellini
14
Via dei Gracchi
Via Lucrezio Caro
Via Cicerone
Via Catullo
Via Plinio
Via Gioachino Belli
Via Terenzio
Via Tacito
8
Via Orazio
Via Tibullo
Via Boezio
Varrone
13
Via Properzio
Via Pietro Cossa
Via Muzio Clementi
Via Cassiodoro
Via del Cavallini
Via Crescenzio
Via Marianna Dionigi
Piazza Amerigo Capponi
7
Piazza Cavour
Via Alberico II
Piazza Adriana
Via Vitelleschi
Via Tribonian o
Via Ulpiano
Via Plauto
Borgo Vittorio
Via P Castello
Largo di Porta Castello
Giardini di Castel Sant'Angelo
Castel Sant'Angelo
圣天使城堡（哈德良皇帝陵）
Lgt Prati
Borgo Pio
Borgo Sant'Angelo
Piazza Pia
1
Via della Conciliazione
Lgt Castello
Ponte Umberto I
Lgt Marzio
Via San Pio X
Ponte Sant'Angelo
Tiber River
台伯河
Piazza Ponte Umberto I
Borgo Santo Spirito
Ponte Vittorio Emanuele II
Lgt Tor di Nona
Largo Gregori
Lgt in Sassia
Lgt della Altoviti
Via Zanardelli
Via G
Via di Porta Santo Spirito
Lgt della Fiorentini
Corso Vittorio Emanuele II
Via dei Coronari
Via del Banco di Santo Spirito
Ponte Principe Amedeo
Piazza dell'Oro

景点

圣天使城堡（哈德良皇帝陵）

博物馆、城堡

1 见158页地图，F4

圣天使城堡乃是当地地标，其敦实的圆形瓮城极具辨识度。最初，这里本是为皇帝哈德良修建的陵墓，后于6世纪被改造成了保护教皇的堡垒，因为590年一位天使对教皇格列高利一世显圣，故而得名圣天使城堡。如今，城堡内是圣天使城堡国家博物馆（Museo Nazionale di Castel Sant'Angelo），绘画、雕塑、军事展品、中世纪热兵器等收藏不拘一格。（Castel Sant'Angelo；☎06 681 91 11；www.castelsantangelo.beniculturali.it；Lungotevere Castello 50；成人/优惠 €10/5；⏲9:00~19:30，售票处 至18:30；🚌Piazza Pia）

独家贴士

参见教皇

教皇接见活动于每周三10:00开始，地点一般在圣彼得广场，但有时也会改在附近的教皇保罗六世接见厅（Aula delle Udienze Pontificie Paolo VI）。你必须提前预订接见活动票（免费）。教皇在周日正午会在圣彼得广场上为教众赐福，去那里看教皇无须任何票证。详情参见梵蒂冈官网（www.vatican.va/various/prefettura/index_en.html）。

圣彼得广场

广场

2 见158页地图，D4

圣彼得广场位于圣彼得大教堂前方，是梵蒂冈的中央广场，于1656~1667年根据贝尔尼尼的设计修建而成。广场由两道半圆形的柱廊合围而成，每道柱廊都由4排多立克式石柱构成，从上面往下看，广场布局犹如一个巨大的钥匙孔，且外口大，内口小，像漏斗一样把信徒引向圣彼得大教堂。这种设计是贝尔尼尼有意为之，用他的话说，两条柱廊代表了“教会母亲般的怀抱”。（Piazza San Pietro；Ⓜ Ottaviano-San Pietro）

梵蒂冈花园

花园

3 见158页地图，B3

这片精致无比的花园占据了梵蒂冈国土面积的三分之一，内有防御工事、石窟、纪念碑、喷泉以及一个政府专用小型停机坪。游览花园，必须参加2小时的导览游（含梵蒂冈博物馆），且必须提前至少一周预约。解散后可自行参观博物馆。（Vatican Gardens；www.museivaticani.va；成人/优惠 含梵蒂冈博物馆 €32/24；⏲必须预约；🚌Piazza del Risorgimento，Ⓜ Ottaviano-San Pietro）

就餐

Pizzarium

比萨 €

4 见158页地图，A3

在湿冷的冬季，要是一家比萨外卖店

从空中俯瞰梵蒂冈花园

能在午餐时间生意这么好，这说明人家绝对不简单。小店的老板是罗马公认的比萨大王加布里尔·邦奇（Gabriele Bonci），卖的切片比萨罗马第一。比萨被餐剪剪成了方形，面饼又软又弹，上面的馅儿选用应季食材，搭配很有创意，放在纸质餐盘上，可立即享用。也推荐现炸的米丸子（supplì）。（☎06 3974 5416；Via della Meloria 43；比萨 每片€5；⏰11:00~22:00；Ⓜ Cipro-Musei Vaticani）

Fa-Bìo　三明治 €

5 见158页地图，D2

一家待客友好的外卖店，三明治、卷饼、沙拉、新鲜果汁用的都是有机食材，做得又快又好。当地人、梵蒂冈的导游以及懂行的游客都会在午餐时间过来"快速解决战斗"，如果狭小的店内还有地方的话，你也可以学学他们。（☎06 6452 5810；www.fa-bio.com；Via Germanico 43；三明治 €5；⏰周一至周五 10:30~17:30，周六 至16:00；🚌Piazza del Risorgimento，Ⓜ Ottaviano-San Pietro）

Fatamorgana　意式冰激凌 €

6 见158页地图，C2

这个意式冰激凌连锁店非常火爆。在这家位于普拉蒂的分店里，你既能品尝到所有经典口味，还能找到不少"剑走偏锋"的美妙创意，其中的"罗勒蜂蜜榛果味”（basilico, miele e noci）就是一款奇怪又好吃的搭配。（www.gelateriafatamorgana.it; Via Leone IV 52; 意式冰激凌 €2.50~5; ⏲夏季 正午至23:00，冬季 至21:00; Ⓜ Ottaviano-San Pietro）

Il Sorpasso

意大利菜 €€

7 见158页地图，E3

酒吧餐厅二合一，在普拉蒂人气超火。头上是拱顶石头天花板，店内砖墙裸露，摆着乡村范儿的木餐桌，有一种酷酷的怀旧情调。餐厅全天营业，主顾多是时尚一族，食品五花八门，特价意面、沙拉、比萨三明治（trappizini）、腊肉和鸡尾酒都有。（☎06 8902 4554; www.sorpasso.info; Via Properzio 31-33; 餐 €20~35; ⏲周一至周五 7:00至次日1:00，周六 9:00至次日1:00; 🚌Piazza del Risorgimento）

Ristorante L' Arcangelo

意式餐厅 €€€

8 见158页地图，G3

木壁板，皮质长椅，再加上随意摆放在餐桌上的餐具，这里给人感觉是一家不修边幅的小馆，在当地名气极大。菜肴很创新，但在选材方面却恪守罗马菜的传统，“甜面包”（sweetbread，即牛羊胸腺及胰腺等下水肉）和鳕鱼（baccalà）等是常用食材。葡萄酒单中能找到一些新奇的意大利佳酿，可谓锦上添花。（☎06 321 09 92; www.larcangelo.com; Via Guiseppe G Belli 59; 餐 €50; ⏲周一至周五 13:00~14:30和周一至周六 20:00~23:00; 🚌Piazza Cavour）

饮品

Sciascia Caffè

咖啡馆

9 见158页地图，E2

一家雍容华贵的老式咖啡馆。城中好几家店都说自己的咖啡罗马第一，但在我们看来，全都比不上这家的“一品咖啡”（caffè eccellente）。这是一款丝滑犹如天鹅绒的浓缩咖啡，咖啡杯也很精致，还混了一圈融化的巧克力，味道怎一个美字了得？（☎06 321 15 80; Via Fabio Massimo 80/A; ⏲周一至周六 7:00~20:30，周日 8:00~20:00; Ⓜ Ottaviano-San Pietro）

Be.re

精酿啤酒

10 见158页地图，D3

2016年底开业的现代酒吧，受到了罗马精酿啤酒爱好者的热烈欢迎。店内可见铜质酒头、裸露的砖墙和高高的拱顶，环境赏心悦目，很适合夜晚来此品味意大利啤酒和桶装艾尔啤酒。隔壁就是人气外卖快餐品牌Trappizino新开的分店，不用怕饿肚子。（☎06 9442 1854; www.be-re.eu; Piazza del Risorgimento与Via Vespasiano交叉路口; ⏲10:00至次日2:00; 🚌Piazza del Risorgimento）

Makasar Bistrot

葡萄酒吧、茶馆

11 见158页地图，E4

一板一眼的法式小馆，适合来这儿静静地喝点东西、充充电。茶水单上的选择足有250种之多，酒水单上的意大利葡萄酒也很不错，还有一小张食品单，上有沙拉、意大利烤面包（bruschetta）、法棍和一些热菜，可以在陶土色调，灯光柔和的环境下慢慢选择。（☎06 687 46 02；www.makasar.it；Via Plauto 33；⏰周一至周四 正午至午夜，周五和周六 至次日2:00，周日 17:00至午夜；🚇Piazza del Risorgimento）

娱乐

Alexanderplatz
爵士乐

12 ⭐ 见158页地图，C2

罗马最著名的爵士乐俱乐部，私密、神秘、隐秘——一扇不起眼的黑门就是入口。国内外顶级音乐人都会前来登台，台下听众也来自世界各地。你可以订一张桌子近距离欣赏演出，也可以在此用餐，但记住，这里的亮点是音乐，不是食物。（☎06 8377 5604；www.facebook.com/alexander.platz.37；Via Ostia 9；⏰20:30至次日1:30；Ⓜ Ottaviano-San Pietro）

Fonclea
现场音乐

13 ⭐ 见158页地图，E3

这家小酒馆是欣赏现场音乐的好地方，每晚都有乐队演出，爵士、灵魂、流行、摇滚和嘟哇（doo-wop）等类型无所不包，更推出了欢乐时光活动（每天18:00～20:30）用酒水帮助客人进入状态。夏季，酒馆会“卷包搬家”，移到台伯河畔。（☎06 689 63 02；www.fonclea.it；Via Crescenzio 82a；⏰9月至次年5月 18:00至次日2:00，音乐演出 21:30；🚇Piazza del Risorgimento）

购物

Rechicle
二手店

14 🛍 见158页地图，E2

一家非比寻常的二手精品店，喜欢古着的人赶紧看过来。店内摆放着古董家具以及经过修复的老壁橱，里面全是宝贝，罗杰维维亚（Roger Vivier）特色弯根高跟鞋（带原装鞋盒）、经典的香奈儿夹克衫、爱马仕手袋、巴黎世家大衣等都能淘到。（☎06 3265 2469；Piazza dell' Unità 21；⏰周一至周六 10:30～14:00和15:30～19:30；🚇Via Cola di Rienzo）

Il Sellaio
时装和饰品

15 🛍 见158页地图，E2

20世纪60年代，法卢西奥·塞拉菲尼（Ferruccio Serafini）是罗马最受追捧的工匠之一，肯尼迪总统、伊丽莎白·泰勒、马龙·白兰度等名流都购买过由他手工制作的鞋包。这家家族老店现在由他的女儿弗朗西斯卡（Francesca）经营，手工缝制的包具和皮带、配饰都非常漂亮。店家也可以根据客人自己的设计进行定制。（☎06 321 17 19；www.serafinipelletteria.it；Via Caio Mario 14；⏰周一至周五 9:30～19:30，周六 9:30～13:00和15:30～19:30；Ⓜ Ottaviano-San Pietro）

顶级景点

波格赛别墅

到达

搭乘53路或910路公交至Via Pinciana下车即是。

M 到达Spagna地铁站后，经一系列电梯和地下通道即可到达波格赛别墅。

波格赛别墅（Villa Borghese）是罗马最富盛名的公园，当地居民、外来游客、恋人情侣、慢跑一族全都难以抗拒这里的诱惑。别墅本是17世纪红衣主教西皮欧内·波格赛（Scipione Borghese）的私人庄园，占地约80公顷，林地、花园与草坪交织，内有众多景点，包括几家一流博物馆、湖园（Giardino del Lago）、锡耶纳广场（Piazza di Siena；每年5月会举办罗马顶级马术比赛的一个尘土飞扬的竞技场）以及平西欧山山顶的一个全景露台。

波格赛美术馆

波格赛美术馆

如果你在罗马只有时间(或只有兴趣)参观一家美术馆,**波格赛美术馆**(Museo e Galleria Borghese; ☎06 3 28 10; www.galleriaborghese.it; Piazzale del Museo Borghese 5; 成人/优惠 €15/8.50; ⏲周二至周日 9:00~19:00; 🚌Via Pinciana)是最好的选择。馆内藏品常被誉为"私人艺术收藏界的女王",拥有卡拉瓦乔、拉斐尔、提香等大师的画作,还有贝尔尼尼的多件震撼雕塑。亮点不胜枚举,但贝尔尼尼的《被掳掠的珀耳塞福涅》(*Ratto di Proserpina*)以及卡诺瓦(Canova)的《胜利的维纳斯》(*Venere vincitrice*)绝对不能错过。

这些藏品由当年的红衣主教西皮欧内·波格赛(Cardinal Scipione Borghese; 1579~1633年)搜集而来,他是那个时代知识最渊博,也是最"贪婪"的艺术收藏家。藏品原本收藏在他的府邸,但17世纪20年代,他在罗马城平丘门(Porta Pinciana)外建造了这片别墅庄园,藏品就被搬到这里,现于别墅中心位置的波格赛阁(Casino Borghese)中展出。

为了限制参观人数,美术馆每隔2小时才放行一次,所以最好提前订票,并按时入场参观。

朱利亚宫埃特鲁斯坎博物馆

建于16世纪的**朱利亚宫**(Villa Giulia; ☎06 322 65 71; www.villagiulia.beniculturali.it; Piazzale di Villa Giulia; 成人/优惠 €8/4; ⏲周二至周日 8:30~19:30; 🚌Via delle Belle Arti)是教皇朱利亚三世(Pope Julius Ⅲ)的别墅行宫,迷人的建筑里藏有埃特鲁斯坎以及前罗马时代的珍品文物,水准在意大利数一数二。许多展品都出土于周边拉齐奥大区各处的坟墓中,例如青铜人像、黑色臭陶樽(bucchero)、神庙装饰品、陶瓶以及绚丽的珠宝。

但博物馆最著名的藏品当属来自公元前6世纪的伉俪石棺(Sarcofago degli Sposi)。这一文物最初在切尔维特利(Cerveteri)的一处坟墓中被发现,上面描

www.sovraintendenzaroma.it

Piazzale San Paolo del Brasile、Piazzale Flaminio、Via Pinciana、Via Raimondo和Largo Pablo Picasso上都有入口

⏲日出至日落

🚌Via Pinciana

☑ 独家贴士

- 每月第一个周日可免费参观波格赛美术馆。
- 在Largo Pablo Picasso等多个地点都可以租到自行车,租金每小时/天€5/15。

吃喝落脚点

Caffè delle Arti(☎06 3265 1236; www.caffedelleartiroma.com; Via Gramsci 73; 餐 €40~45; ⏲周一 8:00~17:00,周二至周日 8:00至午夜; 🚌Piazza Thorvaldsen)既可轻松小酌,也能浪漫用餐。

Osteria Flaminio(☎06 323 69 00; www.osteriaflaminio.com; Via Flaminia 297; 午餐自助 €8~12; ⏲12:30~15:30和19:30至午夜; 🚌Via Flaminia)有实惠的午餐自助。

绘了一对夫妇半躺在一张石质宴榻之上，工艺令人称奇，名为“石棺”，实则是用以安置夫妻二人骨灰的石瓮。

卡洛·比洛蒂博物馆

卡洛·比洛蒂博物馆（Museo Carlo Bilotti; ☎06 06 08; www.museocarlobilotti.it; Viale Fiorello La Guardia; 门票免费; ⏰冬季 周二至周五 10:00~16:00，周六和周日 10:00~19:00，夏季 周二至周五 13:00~19:00，周六和周日 10:00~19:00; 🚇Via Pinciana）位于波格赛别墅漂亮的橘园里，里面收藏的艺术品来自亿万富翁卡洛·比洛蒂。核心展品是意大利现代艺术大师乔治·德·基里科（Giorgio de Chirico; 1888~1978年）创作的18件作品，但沃霍尔（Warhol）为比洛蒂妻女绘制的肖像也值得一看。

湖园

湖园（Giardino del Lago; Villa Borghese; 租船 每20分钟 €3; ⏰夏季 7:00~21:00，冬季 至18:00; 🚇Via Pinciana）设计建造于18世纪末，园内枝繁叶茂，中间是一片浪漫的小湖。除了宁静的氛围，医神庙（Tempietto di Esculapio）也是一大亮点。医神庙依据一座罗马神庙仿造而成，立于小湖的人工岛上。

周边景点：国家现代美术馆

国家现代美术馆（La Galleria Nazionale; ☎06 3229 8221; http://lagallerianazionale.com; Viale delle Belle Arti 131，入口位于Via Antonio Gramsci 71; 成人/优惠 €10/5; ⏰周二至周日 8:30~19:30; 🚇Piazza Thorvaldsen）被当地人称为“GNAM”，所在建筑是一栋恢宏的宫殿，建于“美好时代”时期。这里珍宝荟萃，从新古典主义雕塑，到抽象的表现主义艺术，无所不包，许多19世纪、20世纪重量级艺术家的作品在这里都能见到。

周边景点：国立二十一世纪艺术博物馆

国立二十一世纪艺术博物馆（Museo Nazionale delle Arti del XXI Secolo，简称MAXXI; ☎06 320 19 54; www.fondazionemaxxi.it; Via Guido Reni 4a; 成人/优惠 €12/8，周二至周五和每月第一个周日 永久展览免费; ⏰周二至周五和周日 11:00~19:00，周六 至22:00; 🚇Viale Tiziano）所在建筑本是一座兵营，后由扎哈·哈迪德（Zaha Hadid）操刀设计，混凝土结构主体呈曲面，正面外墙拥有多层几何式构造，内部空间大，光线足，步道曲折，楼梯悬空，内外布局俱令人叹为观止，其精彩不输馆内展品。永久展览介绍20世纪、21世纪作品，但不如外国的临时展览有趣。

周边景点：音乐公园礼堂

音乐公园礼堂（Auditorium Parco della Musica; ☎06 8024 1281; www.auditorium.com; Viale Pietro de Coubertin; 🚇Viale Tiziano）是罗马顶级的音乐会演出场馆，礼堂共有3座音乐厅，室外还有可以容纳3000人的露天圆形剧场，能举办古典音乐会、爵士音乐会、公共演说、电影放映等各种活动。

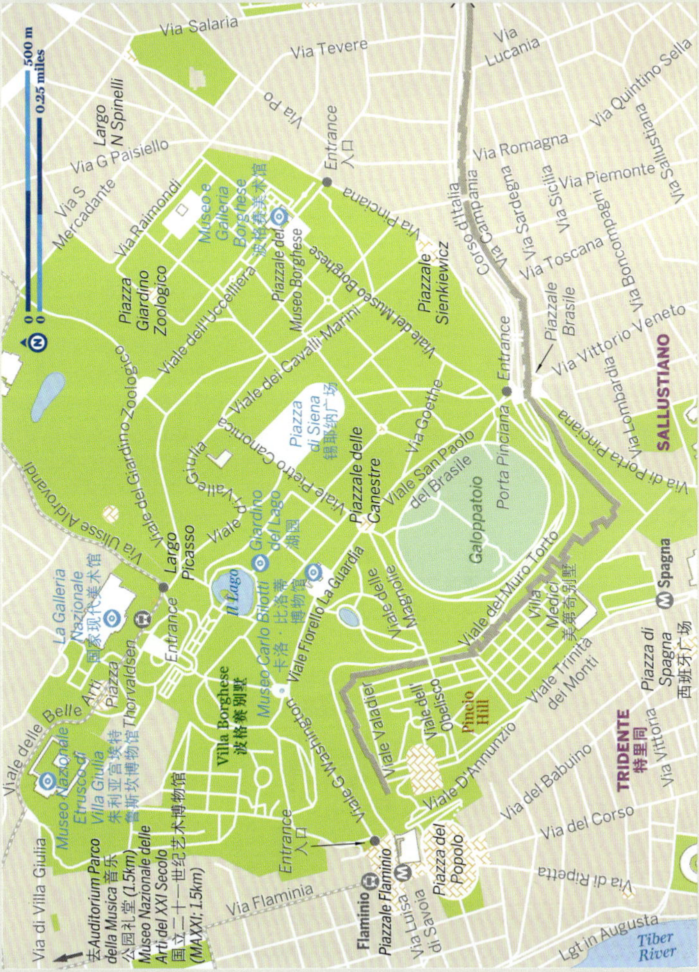
500 m
0.25 miles
0
0
Via Salaria
Via Tevere
Via Po
Largo N Spinelli
Via G Paisiello
Via S Mercadante
Via Raimondi
Entrance
入口
Via Lucania
Via Romagna
Via Quintino Sella
Via Piemonte
Via Sallustiana
Via Sicilia
Via Sardegna
Via Campania
Corso d'Italia
Via Toscana
Via Boncompagni
Via Pinciana
Museo e Galleria Borghese
波格赛美术馆
Piazzale del Museo Borghese
Viale del Museo Borghese
Piazzale Sienkiewicz
Piazza Giardino Zoologico
Viale dell'Uccelliera
Viale dei Cavalli Marini
Piazzale Brasile
Via Vittorio Veneto
Entrance
SALLUSTIANO
Via Lombardia
Via di Porta Pinciana
Viale del Giardino Zoologico
Piazza di Siena
锡耶纳广场
Viale Pietro Canonica
Via Goethe
Porta Pinciana
Viale San Paolo del Brasile
Galoppatoio
Piazzale delle Canestre
Viale Giulia
Viale di Valle Giulia
Via Ulisse Aldrovandi
Largo Picasso
Giardino del Lago
湖园
Il Lago
Museo Carlo Bilotti
卡洛·比洛蒂博物馆
Viale Fiorello La Guardia
Viale delle Magnolie
Viale del Muro Torto
Villa Medici
美第奇别墅
Spagna
La Galleria Nazionale
国家现代美术馆
Entrance
Piazza Thorvaldsen
Viale delle Belle Arti
Villa Borghese
波格赛别墅
Viale Washington
Viale Valadier
Viale dell'Obelisco
Pincio Hill
Viale Trinità dei Monti
Piazza di Spagna
西班牙广场
Museo Nazionale Etrusco di Villa Giulia
朱利亚宫埃特鲁斯坎博物馆
Viale G Washington
Viale D'Annunzio
Via del Babuino
TRIDENTE
特里同
Via Vittoria
Via di Villa Giulia
去Auditorium Parco della Musica 音乐公园礼堂(1.5km)
Museo Nazionale delle Arti del XXI Secolo 国立二十一世纪艺术博物馆 (MAXXI; 1.5km)
Entrance
入口
Via Flaminia
Flaminio
Piazzale Flaminio
Via Luisa di Savoia
Piazza del Popolo
Via del Corso
Via di Ripetta
Lgt in Augusta
Tiber River

最佳步行游览
追随罗马皇帝的足迹

简介

沿着这条穿行于城市古迹的路线，追随罗马传奇皇帝的足迹。罗马帝国建于公元前27年，后来成为了西方第一个超级大国，于公元100年左右到达国力顶峰。帝国势力范围从不列颠延伸至北非，从叙利亚延伸至西班牙。罗马不仅有150多万人口，也有帝国时代继承下来的所有光辉：大理石神庙、公共浴场、剧院、购物中心、当然还有古罗马斗兽场。

起点 古罗马斗兽场；Ⓜ Colosseo

终点 维托里亚诺；🚌 Piazza Venezia

长度 2公里；起码3小时

吃喝落脚点

Terrazza Caffarelli（见52页）是一家精致的咖啡馆，藏在卡比托利欧博物馆里面，但是只可以从咖啡店门进入，你可以在这儿来上一杯，恢复体力。

BELT944/SHUTTERSTOCK ©

维托里亚诺（见51页）

❶ 古罗马斗兽场

古罗马斗兽场（见42页）是最能象征古罗马权力与荣耀的地标，也是一个工程学壮举。场内有50,000个座位，在公元80年由提图斯皇帝宣布建成，开幕即不分昼夜地举办了100天的血腥比赛。

❷ 帕拉蒂诺山

帕拉蒂诺山（见49页）离斗兽场就几步路，是古罗马最受欢迎的街区，这里是罗马皇帝的宫殿，也是皇家精英的住所。虽然废墟让人有点摸不着头脑，但余味仍在，能让你感受一下古代上流社会住处的奢华氛围。

❸ 古罗马广场

从帕拉蒂诺山一路走来你就会进入古罗马广场（见44页），此处位于罗马最大的拱门之一提图斯凯旋门（Arco di Tito）附近。在古罗马时代，这个广场是帝国的神经中枢，这里有法庭、寺庙、露天广场和商店。维斯塔贞女曾经在此处居住，议员们曾在**元老院**（Curia；见45页）商讨国家大事。

❹ 卡比托利欧广场

从Via dei Fori Imperiali离开古罗马广场，来到米开朗琪罗设计的**卡比托利欧广场**（见50页）。这是罗马最美丽的广场之一，绚丽夺目，坐落在组成罗马的七丘之一的卡比托利欧山上。在古代，这里是城市的精神中心，全城最重要的两座寺庙就在这里。

❺ 卡比托利欧博物馆

卡比托利欧广场两侧是两座庄严的宫殿，卡比托利欧博物馆（见49页）就坐落在这里。这是世界上最古老的公共博物馆，拥有很多重要的画作，还有一系列经典雕塑收藏，包括代表性的伊特鲁里亚青铜雕像——《坎皮多里诺母狼像》（*Lupa Capitolina*），描绘的是一条母狼身下的罗慕路斯与雷穆斯。

❻ 维托里亚诺

从卡比托利欧出发，下一站是巍峨的白色大理石建筑**维托里亚诺**（见51页）。虽然皇帝们没有来过，但是这里却值得一停，你可以乘坐全景升降机到达顶部，在那里俯瞰罗马市全景。

最佳步行游览
探索罗马的广场

简介

在罗马紧凑的历史中心，有这个城市最著名的几个露天广场，还有几个鲜为人知却同样美丽的广场，它们各具特色。纳沃纳广场巴洛克式的华丽、鲜花广场的熙熙攘攘、法尔内塞广场那文艺复兴的优雅——一起浓缩成了罗马最重要的美丽、历史和戏剧性。通过这条线路来探索这里的精华与鲜活的街头生活吧。

起点 Largo di Torre Argentina; 🚌Largo di Torre Argentina

终点 法尔内塞广场; 🚌Corso Vittorio Emanuele II

长度 1.5公里; 3小时

吃喝落脚点

如果想要在万神殿和纳沃纳广场之间休息一会，不妨来**Caffè Sant' Eustachio**（见68页）坐坐。很多人认为这里有罗马最棒的咖啡。

TROTALO/SHUTTERSTOCK ©

纳沃纳广场（见62页）

❶ Largo di Torre Argentina

从Largo di Torre Argentina出发，在4处罗马共和国时期的寺庙遗迹转转。广场西侧坐落着罗马高级剧院**Teatro Argentina**（见69页），离恺撒大帝被暗杀的地点不远。

❷ Piazza della Minerva

沿着Via dei Cestari往前走，一直到Piazza della Minerva和一个名叫Elefantino的雕像处，雕像中的大象一脸困惑地扛着埃及方尖碑。在广场一侧，是哥特式的**密涅瓦神庙遗址上的圣玛丽亚教堂**（见64页），内有文艺复兴时期壁画和一座米开朗琪罗创作的小型雕像。

❸ 圣伊纳爵·罗耀拉广场

沿着Via Santa Caterina da Siena走，接着拐到Via del Piè di Marmo，再拐到Via di Sant' Ignazio，最后到达这个精致的18世纪建造的**圣伊纳爵·罗耀拉广场**（Piazza di Sant' Ignazio Loyola）。

旁边的圣伊纳爵·罗耀拉教堂（Chiesa di Sant' Ignazio di Loyola）可以俯瞰整个广场，内有神奇的错层式壁画。

❹ Piazza della Rotonda

漫步在Via del Seminario大街上，您可以前往熙熙攘攘的**Piazza della Rotonda**，那里有众所周知的万神殿（见56页），是罗马保存最完好的古建筑，拥有史诗般的门廊和穹顶，是该城市最具标志性的建筑之一。

❺ 纳沃纳广场

从万神殿出发，沿着路标前往罗马市中心的模范大广场**纳沃纳广场**（见62页）。在这里，在周围的街头艺术家、游客和鸽子的陪伴下，你可以对比罗马巴洛克风格的两大巨头——吉安·洛伦索·贝尔尼尼建造的四河喷泉和弗朗切斯科·博罗米尼设计的圣埃格尼斯教堂。

❻ 鲜花广场

在Corso Vittorio Emanuele Ⅱ的另一边，繁忙的道路将历史中心区一分为二，**鲜花广场**（见69页）颇有人气。白天的时候，这个嘈杂的广场是一个五彩的市场，到了晚上又会变成闹哄哄的露天酒吧。

❼ 法尔内塞广场

从鲜花广场再往前走，就到了精致的法尔内塞广场，从文艺复兴风格的**法尔内塞宫**（见64页）可以俯瞰这个广场。这座宏伟的宫殿现在是法国大使馆，内有一些杰出的壁画，有人甚至觉得可以和西斯廷教堂的壁画相媲美。

VRBANVS VIII PONT MAX
FVNDAMENTVM AB AQVAE SVBLABENTIS NOXA
PARIETES ET FORNICEM AB IMBRIVM ET TEMPORIS INIVRIA VINDICAVIT
PICTVRAS IN DIES PAENE OBSOLESCENTES INSTAVRAVIT
GENVA

生存指南

梵蒂冈博物馆的地图馆（见151页）

生存指南

出发前

何时去

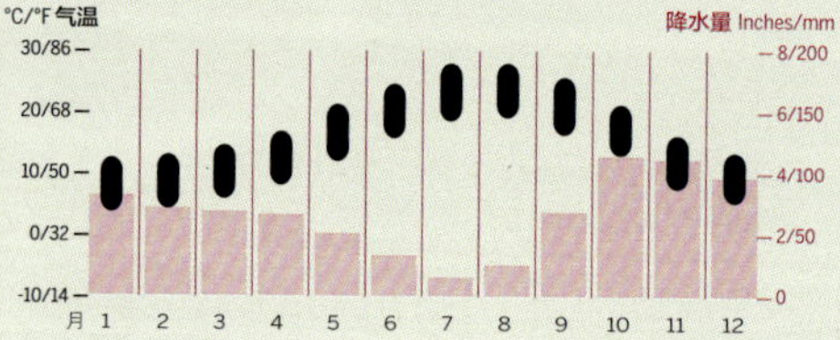

➡ **冬季（12月至次年2月）**

寒冷，白天很短。除非是圣诞节或者新年，博物馆内会很安静，价格也低。

➡ **春季（3月至5月）**

天气温暖且阳光充足。在西班牙大台阶处会开满杜鹃花，还会举办热烈的复活节庆祝。旺季，价格高。

➡ **夏季（6月至8月）**

非常热。会有很多露天活动。在8月，罗马人会离开城市，酒店价格会下降。

➡ **秋季（9月至11月）**

依然温暖。人群减少，会举行Roma Europa节。11月多雨，价格回到淡季水平。

预订住宿

➡ 罗马永远昂贵且繁忙，若想争取到最好的价格还请提前预订。

➡ 住宿从富丽堂皇的五星级酒店到旅舍、民宿、招待所和单间都有。旅舍是最便宜的，提供宿舍床位和单间。民宿和酒店则各种风格和价格都有。

➡ 永远要尽早预订，尤其是旺季（复活节至9月）和重要宗教节日期间。

➡ 如果想订双人床房就选择camera matrimoniale，如果要两张床可以选择camera doppia。

➡ 办入住手续时需要出示你的护照或者身份证。退房通常是10:00至正午期间。在旅舍通常在9:00。

实用网站

Lonely Planet（www.lonelyplanet.com/italy/rome/hotels）有作者对各类住宿的

评测。

缤客网（www.booking.com）方便使用的预订网站，部分住宿选择提供免费预订服务。

Cross Pollinate（www.cross-pollinate.com）由高效且时髦的罗马Beehive旅舍团队亲自检查过的客房和公寓。

Bed & Breakfast Association of Rome（www.b-b.rm.it）民宿和短租公寓。

Bed & Breakfast Italia（www.bbitalia.it）罗马成立最久的在线民宿平台。

Rome As You Feel（www.romeasyoufeel.com）公寓出租；有便宜的一室公寓和豪华公寓。

最佳经济型住宿

Generator Hostel（☎06 492 330；https://generatorhostels.com；Via Principe Amedeo 257；铺 €17~70，双 €50~200；❄@📶；ⓂVittorio Emanuele）位于埃斯奎利诺区的都市潮酷（非）旅舍。

Althea Inn（☎06 9893 2666, 339 4353717；www.altheainn.com；Via dei Conciatori 9；双 €120；❄📶；ⓂPiramide）个性十足的舒适住所，价格实惠。

Beehive（☎06 4470 4553；www.the-beehive.com；Via Marghera 8；宿舍 €35~40，双 不带浴室 €80，标单/双/标三 €70/100/120；🕐前台7:00~23:00；❄📶；ⓂTermini）很优雅的旅舍，离中央火车站不远。

Hotel Pensione Barrett（☎06 686 8481；www.pensionebarrett.com；Largo di Torre Argentina 47；标单/双/标三 €115/135/165；❄📶；🚌Largo di Torre Argentina）这家热情好客的复古民宿拥有活泼的装修风格。

最佳舒适型住宿

Palm Gallery Hotel（☎06 6478 1859；www.palmgalleryhotel.com；Via delle Alpi 15d；标单 €130~160，双 €150~210；❄📶🐾；🚌Via Nomentana，🚌Viale Regina Margherita）一家令人愉悦的酒店，坐落于优雅住宅区内。

Arco del Lauro（☎06 9784 0350；www.arcodellauro.it；Via Arco de' Tolomei 27；双 €95~135，四 €135~175；❄@📶；🚌Viale di Trastevere，🚋Viale di Trastevere）时髦的特拉斯特沃区里的一家不起眼的民宿。

Residenza Maritti（☎06 678 82 33；www.residenzamaritti.com；Via Tor de' Conti 17；标单/双/标三 €120/170/190；❄📶；ⓂCavour）尚未被广泛周知的酒店，可观赏广场美景。

Nerva Boutique Hotel（☎06 678 18 35；www.hotelnerva.com；Via Tor de' Conti 3；双 €143~300；❄📶；ⓂCavour）位于帝国广场背面的世外桃源。

最佳高端住宿

Villa Spalletti Trivelli（☎06 4890 7934；www.villaspalletti.it；Via Piacenza 4；双 €625；P❄@📶；ⓂSpagna）住宿体验宛如住在乡村别墅的贵族一般。

Hotel Campo de' Fiori（☎06 6880 6865；www.hotelcampodefiori.com；Via del Biscione 6；房间 €280~430，公寓 €230~350；❄@📶；🚌Corso Vittorio Emanuele II）位于闹市区的四星级高档酒店。

Gigli d' Oro Suite（☎06 6839 2055；www.giglidorosuite.com；Via dei Gigli d' Oro

12；房间 €215~410；❄📶；🚇Corso del Rinascimento）坐落于一座15世纪宅邸（palazzo）的现代酒店。

Fendi Private Suites（☎06 9779 8080；www.fendiprivatesuites.com；Via della Fontanella di Borghese 48, Palazzo Fendi；双 €900起；P❄@📶；🚇Via del Corso）位于Palazzo Fendi内部，是每个时尚设计师的梦寐之选。

抵达罗马

列奥纳多·达·芬奇（菲乌米奇诺）机场

罗马的主要国际机场，**列奥纳多·达·芬奇（菲乌米奇诺）机场**（☎06 6 59 51；www.adr.it/fiumicino）位于城外以西30公里处。分为4个航站楼：1、2、3号航站楼是国内航班和国际航班；5号航站楼是为了美国航空公司和以色列航空公司飞往美国和以色列准备的。

列奥纳多快速列车（单程 €14）往返于中央火车站。6:23~23:23，从机场每30分钟发一次车；从中央火车站发车的区间是5:35~22:35，路程30分钟。

FL1号列车（FL1 Train；单程 €8）到达特拉斯特沃、奥斯蒂恩瑟和蒂伯蒂娜，但是不去中央火车站。5:57~22:42，从达·芬奇机场每15分钟发一次车（周日和公共节假日每半小时一次）；5:01~19:31，从蒂伯蒂娜每15分钟发一次车，之后到22:01为止每半小时发一次车。

SIT Bus（菲乌米奇诺机场）（☎06 591 68 26；www.sitbusshuttle.com；单程/往返 €6/11）8:30到次日00:30，从罗马列奥纳多·达·芬奇（菲乌米奇诺）机场定期发车去中央火车站（Via Marsala）；5:00~20:30，从中央火车站发车。所有公交车都会在梵蒂冈附近（Via Crescenzio 2）停车。可以上车后再买票。路程大概1小时。

Cotral Airport Bus（☎800 174471；www.cotralspa.it；单程 €5，车上票价 €7）往返于达·芬奇机场和Stazione Tiburtina，途经中央火车站。每天发车3~6班，包括1:15、2:15、3:30和5:00的夜车，从蒂伯蒂娜发车时段为00:30、1:15、2:30和3:45。路程1小时。

钱皮诺机场

钱皮诺机场（☎06 6 59 51；www.adr.it/ciampino），位于市中心东南15公里处，供**瑞安航空**（Ryanair；☎895 5895509；www.ryanair.com）使用，有飞往欧洲和意大利其他地方的航班。机场虽不大，不过路上车不少，高峰期可能非常堵。

如果要进城，最好的办法是乘坐专门的大巴。你也可以乘坐开往钱皮诺（Ciampino）站的公交，然后转乘去中央火车站的火车。

机场摆渡车（☎06 420 13 469；www.airportshuttle.it）从机场往返于你的酒店，一人乘坐€25，每加一人多交€6，最多8人。

SIT Bus–钱皮诺（☎06 591 68 26；www.sitbusshuttle.com；到达/离开机场 €6/5，往返 €9）从中央火车站外的Via Marsala定期发车去机场，首班车7:45，末班车23:15；从中央火车站发车的话，首班4:30，末班

21:30。先上车后买票。路程45分钟。

Atral(www.atral-lazio.com)定期在钱皮诺机场、Anagnina地铁站(€1.20)和钱皮诺火车站(€1.20)之间运行的公交车,在钱皮诺火车站可以乘坐列车前往中央火车站(€1.50)。

中央火车站和公交车站

➡**中央火车站**(www.romatermini.com; Piazza dei Cinquecento; ⓂTermini)是罗马的主站和重要的交通枢纽。这里联通着很多其他欧洲国家、意大利境内所有的城市和众多小镇。

➡车次信息可以从票务柜台左侧的主广场的Customer Service区获得。你也可以访问www.trenitalia.com或者致电☎892 021。

➡从中央火车站,你可以搭乘地铁或在车站外的Piazza dei Cinquecento搭乘巴士。出租车在主入口/出口处搭乘。

➡**行李存放**(中央火车站;头5小时 €6,6~12小时 每小时 €0.90,13小时及以上 每小时 €0.40;🕒6:00~23:00;ⓂTermini)可以从火车站的Via Giolitti那一侧的24号站台到达。

当地交通

公共交通包括公交车、有轨电车、地铁和郊区火车网。主枢纽是中央火车站。

地铁

➡罗马主要有两条主要线路,A线(橙色)和B线(蓝色),这两条线路在中央火车站相交。有一条区间线路"B1",行驶于北边郊区,C线行驶于东南城郊,不过你应该很少会坐这几条线路。

➡地铁运营时间为5:30~23:30(周五和周六会到次日1:30)。

➡除了Circo Massimo、Colosseo和Cavour,所有的B线车站都有无阻碍通道和电梯。A线的Cipro和Termini站配有电梯。

➡搭乘A线去许愿池(ⓂBarberini)、西班牙大台阶(ⓂSpagna)和圣彼得广场(ⓂOttaviano-San Pietro)。

➡搭乘B线去古罗马斗兽场(ⓂColosseo)。

从中央火车站出发的公交车

从中央火车站外的Piazza dei Cinquecento发出的公交车开往全市各个角落。

目的地	线路
圣彼得广场	40/64
威尼斯广场	40/64
纳沃纳广场	40/64
鲜花广场	40/64
万神殿	40/64
古罗马斗兽场	75
卡拉卡拉浴场	714
波格赛别墅	910
特拉斯特沃	H

车票与月票

公共交通票在全罗马的公交车、有轨电车、地铁线路都能使用，去菲乌米奇诺机场的线路除外。公共交通票有很多种：

BIT（biglietto integrato a tempo，100分钟有效的单张票；在这个时间段内这张票可以用于任何公共交通，不过地铁只能用一次）€1.50

Roma 24h（24小时有效）€7

Roma 48h（48小时有效）€12.50

Roma 72h（72小时有效）€18

CIS（carta integrata settimanale，周票）€24

Abbonamento mensile（月票）只能一个人使用的月票€35；任何人都能使用的月票€53

Roma Pass（限2/3天的市内公共交通€28/38.50）

可在烟草商店、报摊以及主公交车站和地铁站的自动售票机购票。车票必须在上车前购买，在公交车上、地铁入口或火车站验票。逃票者一经发现，会被当场处以€50的罚款。10周岁以下儿童免票。

公交车

➡罗马的公交车由**ATAC**（☎06 5 70 03；www.atac.roma.it）运营。

➡**主公交车站**（Piazza dei Cinquecento）位于中央火车站对面的Piazza dei Cinquecento，车站处有一个**信息亭**（Piazza dei Cinquecento；⏲8:00~20:00；Ⓜ Termini）。

➡其他的重要枢纽位于Largo di Torre Argentina和或威尼斯广场。

➡公交车一般从5:30运营到24:00，夜间线路不多。

➡罗马有超过25路夜间公交车，其中许多途经中央火车站和威尼斯广场。公交车会在线路数字前标有“n”，公交车站有一个蓝色的猫头鹰符号。通常每15~30分钟发一班车，但可能车会很慢。

有轨电车

罗马的有轨电车网比较有限。若要获取线路地图请访问www.atac.roma.it。

最实用的线路包括：

2路 往返于Piazzale Flaminio和Piazza Mancini。

3路 从朱利亚宫埃特鲁斯坎博物馆往返于圣洛伦佐、圣若望和特拉斯特沃。

8路 往返于威尼斯广场和特拉斯特沃。

19路 从Piazza del Risorgimento往返于波格赛别墅、圣洛伦佐和Via Prenestina。

出租车

➡正规出租车车身为白色，车身两侧会有编号和Roma Capitale字样。

➡永远都要求打表，千万别商量价格（抵离机场价格固定，是个例外）。

➡出租车内贴有官方价格，或者访问https://romamobilita.it/it/servizi/taxi/tariffe。

➡你可以招手叫出租车，不过在出租车站叫车或者打电话叫车更方便。在机汤、中央火车站、各大景点和露天广场都有出租车站。

- 登录www.060608.it可以查阅出租车公司的名单，点击transport钮，然后选择“getting around”和“by taxi”。

实用信息

签证

- 中国公民前往需要申请签证。意大利在北京、上海、广州设有签证中心。可访问http://www.vfsglobal.cn/Italy/china/chinese/index.html了解更多。

现金

自动柜员机

- 自动柜员机（意大利语bancomat）在罗马随处可见，大多数自动柜员机都可以使用维萨卡（Visa）、万事达卡（Master Card）及银联卡。

- 每日取现金的上限是€250。

- 出国永远要通知银行，以防银行因为非常用地交易而冻结你的卡。

- 小心交易费。通常你的银行会同时向你收取外币兑换费和交易费。请与你的银行咨询详细信息。

电源

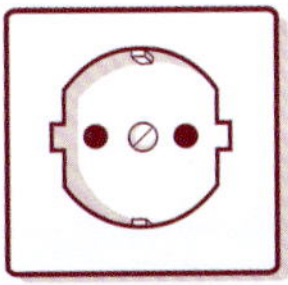

230V/50Hz

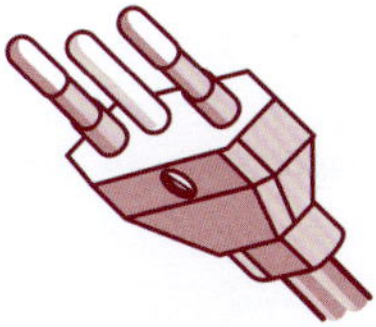

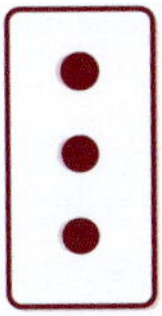

230V/50Hz

旅游信息

Turismo Roma（www.turismoroma.it/?lang=en; ）是罗马官方游客网站，内有丰富的景点、住宿、市内交通等信息，同时还有线路和最新鲜的榜单。

旅游信息站位于**列奥纳多·达·芬奇（菲乌米奇诺）机场**（国际到达，3号航站楼；8:00~20:45）和**钱皮诺机场**（到达厅；8:30~18:00），在市内以下地方也能找到：

Piazza delle Cinque Lune（见42页地图；Piazza delle Cinque Lune; 9:30~19:00; Corso del Rinascimento）位于纳沃纳广场附近。

中央火车站（06 06 08; www.turismoroma.it; Via Giovanni Giolitti 34; 9:00~17:00; M Termini）位于24号站台旁边的大厅内。

帝国广场（见48页地图；Via dei Fori Imperiali; 9:30~19:00; Via dei Fori Imperiali）

Via Marco Minghetti（06 06 08; www.turismoroma.it; Via Marco Minghetti; 9:30~19:00; Via del Corso）位于Via del Corso

和特雷维喷泉（许愿池）之间。

Via Nazionale（☎06 06 08; www.turismoroma.it; Via Nazionale 184; ⏰9:30~19:00; 🚌Via Nazionale）位于展览宫前面。

圣天使城堡（Piazza Pia; ⏰9:30~19:00; 🚌Piazza Pia）

若想获取梵蒂冈的信息，请联系**Ufficio Pellegrini e Turisti**（见158页地图；☎06 6988 1662; St Peter's Square; ⏰周一至周六 8:30~18:30; 🚌Piazza del Risorgimento, Ⓜ Ottaviano-San Pietro）。

营业时间

银行 周一至周五 8:30~13:30和14:45~16:30

酒吧和咖啡馆 7:30~20:00，有时直到次日1:00或2:00

商店 周一至周六9:00~19:30或10:00~20:00，有的店周日11:00~19:00；小商店周一至周六9:00~13:00和15:30~19:30（或者16:00~20:00）；有的商店周一早上不开门。

夜店 22:00至次日4:00或5:00

餐厅 正午至15:00和19:30~23:00（夏天更晚）

公共节假日

新年（Capodanno）1月1日

主显节（Epifania）1月6日

复活节星期一（Pasquetta）3月/4月

解放日（Giorno della Liberazione）4月25日

劳动节（Festa del Lavoro）5月1日

共和日（Festa della Repubblica）6月2日

圣彼得和圣保罗纪念日（Festa dei Santi Pietro e Paolo）6月29日

圣母升天节（Ferragosto）8月15日

诸圣节（Festa di Ognisanti）11月1日

圣母无染原罪瞻礼（Festa dell'Immacolata Concezione）12月8日

折扣卡

Archaeologia Card（成人/优惠 €25/15; 7日有效）持卡可以进入古罗马斗兽场、帕拉蒂诺山、古罗马广场、罗马国家博物馆（阿尔腾普斯宫、马西莫浴场宫、戴克里先浴场、Crypta Balbi）、卡拉卡拉浴场、采齐利娅·迈特拉陵墓和昆蒂利尼别墅。以上景点都可以使用此卡，或者致电☎06 3996 7700。

Omnia Card（€115; 72小时有效）持卡享有：可以不排队进入梵蒂冈博物馆和其他主要景点；圣彼得大教堂和圣若望教堂的音频讲解。免费乘坐Roma Cristiana Open Bus，罗马境内无限乘坐公共交通工具。免费进入两个景点，剩下的景点可享受五折门票。该卡还有24小时版（€55）。详情请浏览www.omniakit.org。

Roma Pass（€38.50; 72小时有效）卡片包含：免费进入两个博物馆或景点，剩下的景点可以享受门票折扣，市内公共交通无限乘坐，其他展览和活动享受门票折扣。48小时版的Roma Pass（€28）限制更多。欲知更多信息请访问www.romapass.it。

圣诞节(Natale)12月25日

节礼日(Festa di Santo Stefano)12月26日

电话服务

中国的运营商可开通国际漫游。但最划算的方式是去买一张预付费(prepagato)意大利SIM卡。TIM(Telecom Italia Mobile; www.tim.it)、Wind(www.wind.it)、Vodafone(www.vodafone.it)和Tre(www.tre.it)都提供SIM卡,并且全城随处可见他们的零售亭。如果打电话到国内号码,需要在号码前加拨国际长途区号86。

紧急电话

救护车 ☎118

火警 ☎115

警察 ☎112、113

信用卡

➡几乎所有的中端和高端酒店都接受信用卡,大多数餐厅和大商店也接受。一些便宜的民宿、小餐馆和比萨店只接收现金。在博物馆和美术馆不要指望能用信用卡。

➡如果你的卡丢了、被偷了或者被自动取款机吞了,请致电银行立刻冻结你的卡。

要和不要

要……

➡和别人打招呼说buongiorno(早上好)或buonasera(晚上好)。

➡入乡随俗地穿衣——去教堂不要太暴露,去吃大餐可好好打扮一番。

➡用叉子(而不是勺子)吃意大利面,手要放在桌子上(而不是桌子下)。

不要……

➡觉得你得把菜单上每样菜都点一遍。没人会期望你真的会吃一整套前菜、意面、第二道菜和甜点。

➡在午饭或晚饭后点卡布奇诺。其实也可以啦,不过罗马人不这么干。

➡过马路不要等车礼让你。如果你想过马路,你必须先走出第一步。

小费

罗马人不怎么给小费,不过以下准则可以粗略参考一下:

酒吧 没必要给小费,尽管很多人如果在酒吧喝酒会多给一些零钱。

酒店 在顶级酒店给行李搬运工€5小费。

餐厅 服务费(servizio)通常已经包括了;如果没有,比萨店的话多给€1或€2,在餐厅最多给10%小费。

出租车 想给就给,不过大多数人都会凑个整钱。

旅行安全

➡罗马是个安全的城市,但是小偷算是个问题。

➡扒手在诸如古罗马斗兽场、西班牙广场和圣彼得广场等旅游景点非常多。

➡在中央火车站附近和拥挤的公共交通上要保持警惕——64路梵蒂冈公交车恶名昭著。

➡切勿将手提包放在街边

咖啡馆的空椅子上，或放在看不到的地方。

➡ 谨防吸引你注意力的儿童团伙。如果你发现你已经成为目标，要么速速回避，要么大喊“Va via!”（“走开!”）。

➡ 永远检查店家找零，看看你没有被少找钱。

➡ 如果发生失窃事件，请务必在24小时内向警方报案并要求警方开出证明。

厕所

公厕并不随处可见，但是在圣彼得广场和中央火车站有一些公厕（€1）。如果你内急，最好的办法是去一家咖啡馆或者酒吧。

残障旅行者

➡ 鹅卵石街道、石头路、砖路还有狭小的电梯，对轮椅出行的人来说比较困难，而无情的交通状况可能会让弱视的旅行者或听力障碍者晕头转向。

➡ 除了Circo Massimo、Colosseo和Cavour，所有的地铁B线车站都有无阻碍通道和电梯。A线的Cipro和Termini站安装了电梯。

➡ 590路公交车的路线和地铁A线一样，是市内19条有轮椅通道的公交车和有轨电车线路之一。有残疾人通道的线路会在公交车站有显示。

➡ 如果乘坐火车出游，致电全国帮助热线 ☎199 303060来安排帮助。在中央火车站，1号站台旁边的**Sala Blu Assistenza Disabili**（☎800 90 60 60; Stazione Termini; ⏰6:45 21:30; Ⓜ Termini）可以 供有轮椅通道的列车的 息，也会帮助你在车站内 行动。如果你确定你需 帮助，请提前24小时联 办公室。在特拉斯特沃 奥斯蒂恩瑟的车站也有 似的办公室。

➡ 有的出租车装有搭载 椅的装置；可以要求能 轮椅（sedia a rotelle）的 租车来接你。

➡ 从http://lptravel.to AccessibleTravel下 Lonely Planet免费的《 障碍旅行指南》（*Acces sible Travel Guide*）。

吾言

在意大利很多地方，方言都是一个重
 的身份组成部分，不过如果你讲标准
大利语，无论在罗马还是意大利任何
方，人们都听得懂，这也是本章教你的
言。

所有的意大利口语的发音在英文里都
。如果你按照英文发音规则来念我们的
音指导，别人能听懂你说的话。重音音
用斜体表示。请注意，ai发音同“aisle”
发音，ay发音同“say”中发音，ow发音
“how”中发音，dz发音同“lids”中的
“ds”发音，另外r是很大力的卷舌音。

若想通过常用语手册提升你的旅行
验，请访问**lonelyplanet.com**。在苹果
用商店你可以下载到Lonely Planet的常
语手册。

基本用语

尔好。

uongiorno. bwon·*jor*·no

再见。

rrivederci. a·ree·ve·*der*·chee

尔好吗？

ome sta? *ko*·me sta

很好，你呢？

ene. E Lei? *be*·ne e lay

请。

er favore. per fa·*vo*·re

谢谢。

razie. *gra*·tsye

劳驾。

Mi scusi. mee *skoo*·zee

对不起。

Mi dispiace. mee dees·*pya*·che

是。/不是。

Sì./No. see/no

我不明白。

Non capisco. non ka·*pee*·sko

你会说英文吗？

Parla inglese? *par*·la een·*gle*·ze

餐饮

我想要……	*Vorrei ...*	vo·*ray* ···
一杯咖啡	*un caffè*	oon ka·*fe*
一个桌子	*un tavolo*	oon *ta*·vo·lo
菜单	*il menù*	eel me·*noo*
两杯啤酒	*due birre*	*doo*·e *bee*·re

你有什么可推荐的吗？

Cosa mi consiglia? *ko*·za mee kon·*see*·lya

吃好喝好！

Buon appetito! bwon a·pe·*tee*·to

那个太好吃了！

Era squisito! e·ra skwee·*zee*·to

干杯！

Salute! sa·*loo*·te

能把账单拿来吗？

Mi porta il conto, per favore? mee *por*·ta eel *kon*·to per fa·*vo*·re

购物

我想买……

Vorrei comprare ... vo·*ray* kom·*pra*·re ···

我就随便看看。

Sto solo sto *so*·lo

guardando.	gwar·*dan*·do

这个多少钱?

Quanto costa questo?	*kwan*·to *kos*·ta *kwe*·sto

太贵了。

È troppo caro/cara. (m/f)	e *tro*·po *ka*·ro/*ka*·ra

紧急情况

救命!

Aiuto!	a·*yoo*·to

叫警察!

Chiami la polizia!	*kya*·mee la po·lee·*tsee*·a

叫医生!

Chiami un medico!	*kya*·mee oon *me*·dee·ko

我病了。

Mi sento male.	mee *sen*·to *ma*·le

我迷路了。

Mi sono perso/persa. (m/f)	mee *so*·no *per*·so/*per*·sa

厕所在哪?

Dove sono i gabinetti?	*do*·ve *so*·no ee ga·bee·*ne*·tee

时间和数字

几点了?

Che ora è?	ke *o*·ra e

现在(两)点。

Sono le (due).	*so*·no le (*doo*·e)

早上	*mattina*	ma·*tee*·na
下午	*pomeriggio*	po·me·*ree*·jo
晚上	*sera*	*se*·ra
昨天	*ieri*	*ye*·ree
今天	*oggi*	*o*·jee
明天	*domani*	do·*ma*·nee

1	*uno*	*oo*·no
2	*due*	*doo*·e
3	*tre*	tre
4	*quattro*	*kwa*·tro
5	*cinque*	*cheen*·kwe
6	*sei*	say
7	*sette*	*se*·te
8	*otto*	*o*·to
9	*nove*	*no*·ve
10	*dieci*	*dye*·chee
100	*cento*	*chen*·to
1000	*mille*	*mee*·le

交通和方向

……在哪?

Dov'è ...?	do·*ve* ···

地址是什么?

Qual'è l'indirizzo?	kwa·*le* leen·dee·*ree*·tso

能(在地图上)指给我吗?

Può mostrarmi (sulla pianta)?	pwo mos·*trar*·mee (soo·la *pyan*·ta)

……什么时候出发?

A che ora parte ...?	a ke *o*·ra *par*·te ···

在……停吗?

Si ferma a ...?	see *fer*·ma a ...

我怎么去那儿?

Come ci si arriva?	*ko*·me chee see a·*ree*·va

公交车	*autobus*	*ow*·to·boos
票	*biglietto*	bee·*lye*·to
时间表	*orario*	o·*ra*·ryo
火车	*il treno*	eel *tre*·no

幕后

说出你的想法

我们很重视旅行者的反馈——你的评价将鼓励我们前行，把书做得更好。我们同样热爱旅行的团队会认真阅读你的来信，无论表扬还是批评都非常欢迎。虽然很难一一回复，但我们保证将你的反馈信息及时交到相关作者手中，使下一版更完美。我们也会在下一版特别鸣谢来信读者。

请把你的想法发送到**china@lonelyplanet.com.au**，谢谢！

请注意：我们可能会将你的意见编辑、复制并整合到Lonely Planet的系列产品中，例如旅行指南、网站和数字产品。如果不希望书中出现自己的意见或不希望提及你的名字，请提前告知。请访问lonelyplanet.com/privacy了解我们的隐私政策。

声明

封面图片：马切罗剧场，Luigi Vaccarella/4Corners©

目录底图：古罗马广场，tupungato/Getty

本书部分地图由中国地图出版社提供，其他为原书地图，审图号GS(2018)3915号。

关于本书

这是Lonely Planet *Pocket Rome*的第5版。本书的作者为邓肯·加伍德和妮可拉·威廉姆斯。

本书为中文第1版，由以下人员制作完成：

项目负责 关媛媛

项目执行 丁立松

翻译统筹 肖斌斌　王玫珺

翻　　译 李冠廷　陈　斌

内容策划 李　珅（本土化内容）　王玫珺　李小可

视觉设计 李小棠　刘乐怡

协调调度 沈竹颖

责任编辑 林紫秋

特约编辑 张琳洁

地图编辑 马　珊

制　　图 田　越

流　　程 孙经纬

终　　审 杨　帆

排　　版 北京梧桐影电脑科技有限公司

感谢周喻、戴霞、曹阳玉婷、王逸帆对本书的帮助。

索引

可参考如下子索引

就餐 见189页
饮品 见189页
娱乐 见190页
购物 见190页

景点 000
地图页码 **000**

景点 000
地图页码 000

就餐

饮品

娱乐

购物

景点 000
地图页码 000

我们的故事

一辆破旧的老汽车，一点点钱，一份冒险的感觉——1972年，当托尼（Tony Wheeler）和莫琳（Maureen Wheeler）夫妇踏上那趟决定他们人生的旅程时，这就是全部的行头。他们穿越欧亚大陆，历时数月到达澳大利亚。旅途结束时，风尘仆仆的两人灵机一闪，在厨房的餐桌上制作完成了他们的第一本旅行指南——《便宜走亚洲》（*Across Asia on the Cheap*）。仅仅一周时间，销量就达到了1500本。Lonely Planet从此诞生。

现在，Lonely Planet在都柏林、富兰克林、伦敦、墨尔本、奥克兰、北京和德里都设有公司，有超过600名员工及作者。在中国，Lonely Planet被称为“孤独星球”。我们恪守托尼的信条：“一本好的旅行指南应该做好三件事：有用、有意义和有趣。”

我们的作者

邓肯·加伍德（Duncan Garwood）

无论是在巴巴多斯面对板球快投手，还是在果阿邦躲避饥肠辘辘的野猪，都是邓肯独特的旅行体验。他从1997年至今定居于意大利，以罗马城外的Castelli Romani山的家为大本营，探索了这个国家最闻名的景点和最偏远的角落，并参与了罗马、撒丁岛、西西里岛、皮埃蒙特、那不勒斯和阿马尔菲海岸等地指南的制作。他还为Lonely Planet撰写了《意大利自驾》（*Italy's Best Trips*）和《毕尔巴鄂和圣塞巴斯蒂安》口袋指南（*Pocket Bilbao & San Sebastian*）。同时，他还为报纸、网站和杂志撰写一些关于意大利的文字。

妮可拉·威廉姆斯（Nicola Williams）

对于英国作家、跑步爱好者、美食爱好者、艺术爱好者以及3个孩子的母亲尼古拉·威廉姆斯来说，旅行是一种生活方式。她曾在法国日内瓦湖南部的村庄住了10多年。尼古拉为Lonely Planet撰写了超过50本指南，还是《每日电讯报》（*Telegraph*）的法国专家。她同时还为《独立报》（*Independent*）、《卫报》（*Guardian*）、lonelyplanet.com、《孤独星球》（*Lonely Planet Magazine*）、*French Magazine*等媒体撰稿。可以关注她的Twitter和Instagram账号@tripalong，了解到她的旅行动态。

罗马

中文第一版

书名原文：*Pocket Rome*（5th edition，Jan 2018）

本中文版由中国地图出版社出版

图书在版编目 (CIP) 数据

罗马 / 澳大利亚 Lonely Planet 公司编；李冠廷，陈斌译. -- 北京：中国地图出版社，2018.8
（口袋指南）
书名原文：Pocket Rome
ISBN 978-7-5204-0692-5

Ⅰ. ①罗… Ⅱ. ①澳… ②李… ③陈… Ⅲ. ①旅游指南－罗马 Ⅳ. ① K954.69

中国版本图书馆 CIP 数据核字 (2018) 第 170199 号

出版发行 中国地图出版社
社　　址 北京市白纸坊西街 3 号
邮政编码 100054
网　　址 www.sinomaps.com
印　　刷 北京华联印刷有限公司
经　　销 新华书店
成品规格 106mm×153mm
印　　张 6.75
字　　数 236 千字
版　　次 2018 年 8 月第 1 版
印　　次 2018 年 8 月北京第 1 次印刷
定　　价 56.00 元
书　　号 ISBN 978-7-5204-0692-5
审 图 号 GS（2018）3915 号
图　　字 01-2018-1631

如有印装质量问题，请与我社发行部（010-83543956）联系